마이데이터
레볼루션

MY DATA REVOLUTION

마이데이터 레볼루션

: 초개인화의 시대가 온다

이재원 지음

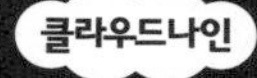

추천사

마이데이터 시대의 새로운 도전과 기회를 잡아라

-안철경, 보험연구원장

새해 벽두부터 금융권은 마이데이터 사업 시행으로 그 열기가 뜨겁다. 고객들을 서로 먼저 차지하기 위해 자사 앱의 편리함과 차별화된 서비스를 알리기 위해 마케팅도 치열하다. '내 손안의 금융 비서'로 불리는 마이데이터 사업 시행으로 소비자들은 더 편리하고 다양한 금융 소비 생활을 누릴 수 있을 것으로 기대되고 있다. 개인 금융 정보를 한곳에 모아 볼 수 있고 소비 습관이나 재무 현황 등의 분석을 통해 맞춤화된 정보와 금융 상품을 제공받을 수 있게 됐기 때문이다. 하지만 마이데이터 사업으로 금융 회사는 새로운 도전자들과 맞닥뜨리게 되었다. 막강한 플랫폼 기업과 탁월한 기술을 가진 핀테크 기업도 당국의 허가를 받아 다양한 일상 금융 서비스 제공이 가능해졌기 때문이다. 금융시장의 경쟁 전선이 다른 업종, 다른 산업으로도 넓혀져 이제 마이데이터 사업은 절대 뺏

겨서는 안 될 요충지가 되어버렸다.

지금은 모바일 없이는 경제 및 소비 활동을 할 수 없다. 마이데이터 사업은 모바일 플랫폼에 데이터 이동권이 결합하는 사업이다. 플랫폼 경쟁력이 상대적으로 취약한 금융권은 마이데이터 시대에 더욱 혁신이 필요하다. 모든 금융 회사들이 데이터 역량을 높임과 동시에 플랫폼 본격 경쟁과 개방형 생태계 변화에 좀 더 면밀한 준비와 적극적 대응이 필요할 것이다.

이 책은 저자의 오랜 금융 분야 식견을 바탕으로 마이데이터 제도에 대한 상세한 소개와 함께 향후 마이데이터 사업이 금융시장을 어떻게 변화시키고 미래 경쟁 구도가 어떻게 바뀌어 나갈지를 잘 짚어주고 있다. 나아가 마이데이터 시대, 어떻게 사업 전략을 가져가야 하며 이를 위해 갖추어야 할 핵심 경쟁력이 무엇인지에 대해서도 현업의 시각에서 구체적으로 다루고 있다. 특히 저자는 우리 기업들이 벤치마킹이 필요한 회사들을 찾아 무엇을 어떻게 해야 할지에 대한 전략적 시사점을 주기 위해 많은 페이지를 할애하였다.

마이데이터 사업은 이제 출발선상에 있다. 사업 참여 기업들은 어떻게 서비스를 차별화해야 할지를 숙고하고 있고 나머지 기업들도 어떻게 생존해야 할지 고민하고 있을 것이다. 소비자들에게 데이터 주권을 돌려주고 마이데이터 사업의 기획력과 실행력을 높이고자 하는 모든 기업들의 경영자와 실무자들이 이 책을 꼭 읽어보기를 바란다.

프롤로그

마이데이터 서비스가 시작되었다

2022년 1월부터 금융 분야를 시작으로 마이데이터 서비스가 본격 시작되었다. 금융 마이데이터 서비스는 애초 2021년 8월부터 시행될 예정이었으나 코로나19 사태에 따른 비대면 정보기술 개발수요가 급증하면서 시스템 개발과 테스트에 준비가 더 필요했던 것으로 보인다. 정부에서는 금융 분야뿐만 아니라 공공 분야와 의료 분야에서도 시범 사업 등을 통해 본격 도입을 준비하거나 시행하고 있다.

마이데이터는 소비자들에게는 데이터 주권을 확립해주는 획기적 제도이다. 그동안은 개인 데이터의 관리와 처리를 주로 기업에 위임하여 소비자들은 적극적인 권리행사가 어려웠다. 하지만 마이데이터 제도의 도입으로 소비자들은 개인 데이터의 접근, 활용, 이동에 대해 결정권과 통제권을 가질 수 있게 되었다. 개인 데이터의 주인은 바로 기업이 아닌 소비자 자신인 것이다.

마이데이터 사업 또한 기업에는 데이터 활용이라는 새로운 기회를 제공하고 있다. 그동안은 자사 데이터만으로 비즈니스를 해왔다면 이제부터는 금융, 전자상거래, 통신, 세금납부 정보 등 다양한 이업종 간 데이터를 수집할 수 있게 된다. 그럼으로써 소비자들을 더욱 잘 이해하게 되고 이를 통해 훨씬 더 맞춤화된 상품과 서비스 제공이 가능하다. 이제 더 이상 자산관리 서비스는 기존 금융 회사들의 전유물이 아니다. 핀테크 기업도 마이데이터 사업에 본격적으로 뛰어들어 얼마든지 일상 금융 서비스를 제공할 수 있게 됐다.

금융 분야는 마이데이터 사업으로 큰 변혁을 맞게 될 것으로 보인다. 사업 초기에는 수요가 적어 커다란 변화는 없겠지만 시간이 흘러 본격적으로 시장에 자리잡을 경우 경쟁 구도를 뒤흔들 큰 촉발제가 될 것이다. 이로 인해 금융시장은 기존 금융 회사, 빅테크 기업, 핀테크 기업 간의 경쟁이 더욱 치열해질 것으로 보인다.

아직 마이데이터를 개인 데이터와 혼동하는 분들이 많다. 이 책은 마이데이터가 무엇인지? 왜 등장하였는지? 도입하면 무엇이 좋아지는지?에 대해 소비자 관점에서 ABC부터 설명하고자 한다. 또한 기업 관점에서 마이데이터 사업의 기회와 위협들은 무엇이고 나아가 시장에 어떤 변화와 경쟁 구도가 만들어질 것인지에 대해 금융 분야를 중심으로 살펴볼 것이다. 한마디로 마이데이터를 기초부터 소개하여 소비자들이 올바르게 주권 행사를 하도록 하고 또 마이데이터의 도입에 따른 시장과 경쟁 구도의 변화를 살펴봄으로써 기업들이 어떠한 준비를 해야 할지를 얘기할 것이다.

우리나라의 마이데이터 사업은 다른 나라에 비해 늦게 도입되었지만 참여하는 업종의 범위나 시스템적인 측면에서 세계적으로 유례가 없을 정도로 앞서 있다. 따라서 마이데이터 사업 하나만 떼어놓고 보면 벤치마킹할 선도자들을 찾기가 쉽지 않다. 하지만 마이데이터 시대 핵심 경쟁력인 데이터, 플랫폼, 기술력 등에 앞선 강자들은 많다. 당연히 벤치마킹할 글로벌 강자들은 경쟁자별로 달라야 한다. 나는 금융 회사에서는 핑안보험그룹(이하 핑안)을 소개하고 빅테크 기업에서는 아마존, 핀테크 기업들 대상으로는 민트, 디지미 등을 소개하고자 한다.

나는 핑안과 약간의 인연이 있다. 핑안은 1988년 설립된 중국의 최초 주식회사형 보험 회사이다. 아무래도 늦게 사업을 시작하다 보니 보험 경영 노하우가 부족할 수밖에 없었다. 그러다 보니 사업 초기 한국의 보험사들과 교류가 많았다. 핑안의 마밍저 회장이 임원들을 데리고 와 경영진들과 교류도 하고 직원들이 파견을 나가 업무 조언도 해주었다. 그때 당시에는 나도 업무에 참여하여 노하우를 전달해주는 입장이었다. 그런데 30여 년이 지난 지금에는 핑안은 세계 제1의 보험사로 우뚝 섰다. 언제부터 왜 뒤처지기 시작했을까? 어쩌면 나는 그것이 알고 싶어서 이 책을 썼는지도 모르겠다.

아마존은 이미 많이 알려져 있다. 이 책에서 다루어야 할지를 많이 고민하였다. 하지만 아마존은 누구도 부정할 수 없는 탁월한 역량을 바탕으로 사업 영역마다 혁신의 바람을 일으키고 있다. 더구나 금융과 헬스케어로 그 영역을 확장하고 있어 미래에는 금융 회사들의 가장 큰 경쟁자가 될 것이다. 핀테크 기업들 대상으로는 민트, 디지미, 요들리, 일본의 정보은행 들을 소개한다. 특화된 기술과 서비스로 사업 영역에서 두각을 나타내고 있다. 핑안, 아마존, 민트, 디지미 등의 사례는 마이데이터 시대 우리 기업들이 나아가야 할 방향과 갖추어야 할 핵심 경쟁력에 대해 많은 힌트를 줄 것이다.

아직 시중에 마이데이터와 관련된 책들이 많지 않다. 아무쪼록 이 책이 마이데이터 시대 생존전략을 고민하는 기업, 학교, 연구소 등과 일반인들에게 도움이 되길 바란다. 책을 쓰는 데 도움을 주신 분들이 많다. 우선 책을 쓰는 동안 격려를 아낌없이 주신 농협생명 김인태 대표이사님께 감사의 말씀을 드린다. 그리고 마이데이터 주제에 대해 같이 연구하고 조언을 아끼지 않은 전 보험연구원 노현주 박사님, 출간 전 살펴봐주신 농협생명 김문숙 국장님께도 깊은 감사를 드린다. 또한 출판사 클라우드나인의 안현주 대표님과 류재운 실장님에게도 많은 도움을 받았다. 끝으로 나를 항상 최고라고 치켜세워주고 곁에 있는 것만으로도 든든한 아내와 내 삶의 원동력인 딸과 아들에게도 고맙다는 말을 전한다.

2022. 1

이재원

목차

추천사 마이데이터 시대의 새로운 도전과 기회를 잡아라 • 4
(안철경, 보험연구원장)

프롤로그 마이데이터 서비스가 시작되었다 • 6

1부 마이데이터 시대의 변화 • 15

1장 어서와~ 마이데이터 시대는 처음이지? • 17

마이데이터 시대가 활짝 열렸다 • 19

데이터가 세상을 바꿀 것이다 • 19 | 데이터의 주인은 누구인가 • 24 | 개인 데이터와 마이데이터는 다르다 • 27 | 데이터 3법이 트리거가 됐다 • 33

마이데이터 시대에 라이프는 어떻게 바뀔까 • 42

금융과 비금융정보가 마이데이터로 결합한다 • 42 | 금융 마이데이터가 독점의 장벽을 무너뜨린다 • 47 | 공공 마이데이터로 원스톱 행정서비스를 누린다 • 51 | 의료 마이데이터로 건강정보를 한눈에 본다 • 53

이미 글로벌에서는 마이데이터가 시작됐다 • 57

유럽연합은 개인정보보호법에 데이터 주권을 강화했다 • 57 | 영국은 은행권 중심의 마이데이터 사업을 시행했다 • 59 | 미국은 민관협력 차원의 데이터를 공시했다 • 61 | 일본은 정보은행을 통해 마이데이터를 장려했다 • 63

| 마이데이터 서비스 FAQ | • 66

소비자들이 알아야 할 사항

2장 마이데이터 비즈니스의 미래는 무엇인가 • 77

금융의 생태계가 확 바뀐다 • 79

은행과 카드사는 마이데이터 플랫폼 비즈니스를 한다 • 79 | 보험은 맞춤형 보장설계와 건강관리 서비스를 한다 • 85 | 금융투자 회사는 다양한 계층으로 서비스를 확장하고 있다 • 88 | 빅테크 기업은 종합 생활 금융 서비스로 사업 영역을 확장하고 있다 • 89 | 핀테크 기업은 마이데이터 특화영역 구축에 나서고 있다 • 92

금융 DX 전쟁이 시작된다 • 96

마이데이터로 업종 간의 경계가 사라진다 • 96 | 마이페이먼트로 또 한 번의 파도가 밀려온다 • 100 | 종합지급결제업은 금융시장 개방의 완성이다 • 102 | 금융 회사와 빅테크 기업 간의 본격 경쟁이 펼쳐진다 • 104

빅테크 기업의 금융 진출은 어디까지 왔는가 • 108

왜 빅테크 기업은 금융에 진출하는 걸까 • 108 | 전 세계 빅테크 기업이 금융에 뛰어들었다 • 111 | 빅테크 기업이 금융 비즈니스의 판을 더욱 키운다 • 115 | 금융에 이어 헬스케어 영역까지 진출한다 • 118

기업은 마이데이터 시대에서 무엇을 해야 할까 • 122

고객경험 혁신에 기반한 차별화된 마이데이터 전략을 세우자 • 122 | 금융과 생활을 아우르는 모바일 플랫폼을 구축하자 • 126 | 각자의 강점을 기반으로 마이데이터 사업을 추진하자 • 128 | 마이데이터 시대 핵심 경쟁력은 데이터, 플랫폼, 인공지능, 조직문화이다 • 132

2부
마이데이터 시대의 강자들 • 135

3장 핑안, 마이데이터의 선순환과 금융 생태계를 보여주다 • 137

전통 기업도 테크 기업으로 변신할 수 있다 • 139

축적된 생태계 데이터로 교차판매의 명수가 되다 • 139 | 금융과 과학기술의 융합을 선언하다 • 141 | 금융시장을 재정의하고 디지털 생태계를 구축하다 • 144 | 과학기술로 금융을 리드한다 • 147

핑안은 보험 회사가 아니라 데이터 회사이다 • 151

클라우드 전환 프로젝트로 데이터 회사로 거듭나다 • 151 | 고객경험 데이터로 다양한 금융 서비스를 교차판매하다 • 154 | 일상생활의 비금융 데이터로 신용평가 모델을 구축하다 • 156 | 데이터와 인공지능을 결합하여 고객경험을 확 바꾸다 • 158

금융에 비금융 생태계를 더해야 한다 • 160

모바일 플랫폼으로 금융 서비스 슈퍼마켓을 만든다 • 160 | 중국 최대의 자동차 거래와 온라인 금융 서비스 플랫폼을 만든다 • 164 | 핑안의 미래 캐시카우는 의료 서비스 플랫폼으로 만든다 • 166 | 기술 플랫폼을 개방하여 모바일 금융 서비스 시장을 석권한다 • 170

기술력으로 비즈니스를 혁신해야 한다 • 172

핑안은 금융을 넘어 거대한 기술 기업이다 • 172 | 기술을 입혀 고객경험을 혁신한다 • 174 | 디지털 운영 중심으로 통합 금융을 강화한다 • 176 | 인공지능 기술로 세일즈와 업무 혁신을 꾀한다 • 177

4장 아마존, 마이데이터 확장성과 종합 생태계를 보여주다 • 183

고객경험을 통해 거대 생태계를 구축하다 • 185

마이데이터 생태계로 강력한 경쟁력을 갖추다 • **185** | 데이터 인프라가 핵심 경쟁력이다 • **189** | 데이터 확장성이 산업의 경계를 무너뜨리다 • **196**

온·오프라인 유통에 금융을 접목하다 • 202

방대한 고객과 빅데이터로 금융을 노리다 • **202** | 아마존페이, 음성결제, 아마존고로 편리함에서 앞서 나가다 • **205** | 비금융 데이터 기반으로 대출 방식을 혁신하다 • **208** | 금융시장에 가장 강력한 라이벌이 되고 있다 • **211**

온·오프라인 유통에 헬스케어를 접목하다 • 214

혁신적 기술로 헬스케어와 의료 혁신을 꾀하다 • **214** | 건강관리 구독 서비스를 론칭하다 • **216** | 병원 방문이 필요 없는 온라인 약국을 운영하다 • **218** | 원격의료, 배송, 방문 진료까지 아우르는 종합 헬스케어 생태계를 꿈꾸다 • **221**

금융과 헬스케어에 인공지능 기술을 더하다 • 223

인공지능의 세계 최강자로 우뚝 서다 • **223** | 아마존 알렉사가 금융과 헬스케어에도 파고든다 • **225** | 아마존 웹 서비스로 마이데이터 기술 플랫폼이 되다 • **227** | 데이터 생태계 강화로 금융과 헬스케어까지 확장하다 • **229**

5장 핀테크 기업, 다양한 데이터 비즈니스 모델로 성공을 만든다 • 231

특화된 기술로 마이데이터 공략에 나서다 • 233

다양한 마이데이터 비즈니스를 펼치고 있다 • **233** | 민트, 마이데이터 분석 비즈니스의 최강자로 인정받고 있다 • **235** | 인튜이트, 핀테크 강자 크레딧카르마를 인수하다 • **239**

데이터 저장소와 플랫폼으로 마이데이터 사업을 하다 • 242

디지미, 개인 의지에 따라 데이터 관리와 활용을 한다 • 242 | 요들리, 데이터 플랫폼과 인에이블러 사업으로 성공한다 • 247

데이터 신탁은 또다른 마이데이터의 대안이다 • 250

일본정보은행, 데이터 신탁과 리워드 사업으로 차별화하다 • 250

에필로그 • 256

출처 • 260

1부

마이데이터 시대의 변화

1장

어서와~ 마이데이터 시대는 처음이지?

마이데이터 시대가 활짝 열렸다

데이터가 세상을 바꿀 것이다

데이터 홍수의 시대이다. 사람과 사람, 사람과 사물, 사물과 사물이 연결되어 쉴 새 없이 데이터를 만들어내고 있다. 나의 일상도 엄청난 데이터를 만들어낸다. 내 주머니 속 스마트폰은 이동할 때 계속 위치 데이터를 만들어내고 소셜미디어는 무엇을 검색했고 어떤 동영상을 시청했고 누구랑 대화했는지 데이터를 만들어낸다. 쇼핑은 어떨까? 오프라인으로 쇼핑하면 내가 구매한 내역만 카드결제 데이터로 남지만 온라인으로 쇼핑하면 내가 둘러본 상품까지도 다 데이터로 남는다. 이렇듯 나의 일상의 모든 것은 흔적으로 남아 디지털 족적, 즉 다양한 정형·비정형 데이터를 남기고 있다.

인터넷 라이브 스태츠Internet LiveStats의 발표에 따르면 1초당 전 세계의 데이터 발생 건수는 이메일 전송 300만 건 이상, 구글 검색은 9만여 건, 유튜브 동영상 시청은 8만 8,000여 건, 트위터 전송은 9,300여 건에 달한다고 한다.[1] 또한 컨설팅 기관인 IDC는 전 세계 데이터 규모가 2015년 15.5제타바이트에서 2025년 175제타바이트(10의 21제곱 바이트)로 급증할 것으로 전망하였다.[2] 1제타는 1에 0이 21개 달린 숫자로 10해垓에 해당한다. 1제타 바이트는 은하계 전체의 별보다 200억 배나 많은 양이라고 하니 175제타바이트는 정말 상상을 초월하는 숫자이다. 사물인터넷, 홈오토메이션, 스마트 시티가 일상화되는 미래에는 데이터의 주도권이 인공지능 스피커, 스마트 워치, 클라우드로 이동하여 만들어질 데이터의 양은 더욱 폭발적으로 증가할 터이다.

2008년 세계적인 과학저널 『네이처』는 앞으로 10년 이내 세상을 바꿀 가장 중요한 것은 '데이터'라고 언급하였다. 이제 데이터는 '제2의 석유'에 비유될 정도로 가장 중요한 자원으로 떠올랐다. 데이터는 우리의 모든 일상으로 확대되고 실시간으로 축적된다. 데이터를 활용하여 새로운 기회들을 모색하는 것은 중요한 비즈니스 활동이 되었다. 바야흐로 데이터 유통에 기초한 새로운 경제 시대, 즉 '데이터 경제' 시대가 본격적으로 시작된 것이다. 유럽연합EU의 정의에 따르면 데이터 경제는 데이터의 생산, 인프라 제공, 데이터 소비, 연구 조사 등 서로 다른 역할을 담당하는 구성원으로 이루어진 생태계를 의미한다.[3]

데이터 경제 생태계의 개인들은 스마트 기기, 모바일, 온라인, 미디어 매체 등을 통해 매일 데이터를 생산함으로써 경제의 핵심 주체로 참여하고 있다. 데이터 경제 시대에 개인 데이터의 중요성은

날로 커지고 있다. 개인 데이터에 대한 법적 보호장치 강화와 함께 소비자들의 개인 데이터에 대한 권리의식도 더욱 높아질 것으로 보인다.

기업들도 데이터에 크게 사활을 걸고 있다. 데이터 생태계가 급속하게 성장하면서 '데이터 산업'이 급부상하고 있기 때문이다. 데이터 산업은 대규모 데이터를 확보할 수 있는 글로벌 빅테크 기업들이 시장을 주도하고 있다. 글로벌 시가총액 10대 기업 중 데이터 기업은 2007년에는 차이나모바일 1개였지만 2020년에는 애플, 마이크로소프트, 아마존, 알파벳(구글), 메타(구 페이스북, 2021년 10월 사명 변경), 텐센트, 알리바바 등 무려 7개에 달한다. 이렇듯 디지털 혁신 중심의 데이터 경제 시대에는 데이터를 활용하는 기업이 주도권을 쥐고 있다. 이런 흐름에 맞추어 모든 기업이 데이터를 우선으로 하는 기업으로 변신 중이다. IDC는 오는 2022년까지 전 세계 데이터 시장이 2,600억 달러(308조 원)로 성장할 것으로 전망하고 있으며 한국데이터산업진흥원도 우리나라 시장 규모가 2020년 약 19조 원에 이를 것으로 추정하였다.[4]

미래를 앞서 예측하는 것으로 유명한 다보스포럼에서는 10년 전부터 개인 데이터의 중요성을 언급하였다. 개인 데이터는 개인이 일상생활 등의 행위로 생성되는 데이터, 즉 개인의 데이터를 말한다. 디지털 데이터 중에서 개인 데이터의 비중이 무려 75퍼센트에 달한다고 한다. 데이터 경제 시대에서 개인 데이터는 곧 돈이 된다. 몇 가지 사례를 보자. 보험에 가입할 때 성별, 나이, 그리고 질병 정도에 따라 보험료가 정해진다. 하지만 최근에는 하루 운동량이나 식단 조절 등 건강관리 데이터를 보험 회사에 제공하면 보험료를 할인받을 수 있다. 뱅크샐러드 등과 같은 자산관리 서비스 앱을 깔고 개인정보를 제공하면 카드추천 서비스를 받아서 카드 이용금액을 할인받을 수도 있다.

일부 외국의 신용대출 회사들은 사소하긴 하지만 신용을 잘 설명해줄 수 있는 개인 데이터들을 대출 심사에 활용하고 있다. 정보 사항을 입력할 때 탭키Tab Key를 사용하는 빈도나 소셜미디어에서 맞춤법과 띄어쓰기 정보 등도 개인 데이터로 활용한다. 아무래도 컴퓨터나 소셜미디어를 능숙하게 잘 사용하는 사람들이 상대적으로 대출 상환을 더 잘한다는 믿음에서 높은 신용등급을 주는 것으로 보인다.

기업과 기관들도 개인 데이터를 통해 새로운 비즈니스 기회를 찾을 수 있다. 기업들은 개인 데이터를 활용하여 더 나은 고객경험과 개인화 서비스를 제공하는 게 가능해졌다. 이를 통해 새로운 시장을 발굴할 수 있으며 더 나은 혁신적 상품을 제공할 수도 있다. 실제로 국내의 네이버, 카카오는 물론 해외의 구글, 애플, 페이스북, 아마존 등 거대 인터넷 기업들은 이러한 개인 데이터를 바탕으로 급속하게 성장해왔다. 유럽연합은 개인 데이터로 창출되는 경제적 가치가 2020년까지 약 1조 유로(약 1,353조 원)에 달할 것으로 보고 있다. 그중에서 기업과 정부가 얻는 연간 이익은 3,300억 유로(약 448조 원)에 육박할 것으로 예상하였다.[3]

개인 데이터는 공익적 차원에서도 활용되고 있다. 코로나19 시대에 개인들의 위치 데이터, 카드결제 내역, 고속도로 통행 이력 등 다양한 데이터들이 질병 전파 방지를 위해 활용되고 있다. 여전히 프라이버시 보호가 먼저냐 공익이 먼저냐 하는 논쟁은 있다. 하지만 코로나19 시대에 개인 데이터의 중요성과 활용성은 매우 크다.

이처럼 디지털 기술의 발전으로 개인정보가 쉽게 데이터가 되고 돈이 되는 시대가 열리면서 세계 각국에서는 개인 데이터를 경제에 어떻게 활용할지 활발하게 논의되는 중이다. 데이터 경제 시대에는 개인 데이터를 어떻게 활용하느냐가 핵심이다. 데이터 경제는 데이터를 활용하여 새로운 제품과 서비스를 창출하는 경제를 말하는데 데이터 활용이 모든 산업의 발전과 새로운 가치 창출에 촉매 역할을 담당하고 있다. 특히 맞춤식 서비스나 혜택을 제공하는 소비자들의 초개인화가 진전되고 있어 기업의 비즈니스 모델이나 혁신적인 상품개발은 개인 데이터의 효과적 활용 없이는 불가능하다.

다보스포럼은 이미 2017년부터 데이터 경제 시대에는 개인 데이터와 타 정보와의 융합과 활용이 매우 중요하다고 강조하였다. 데이터를 자원으로 활용하기 위해서는 특히 다른 데이터와 결합이 중요하다. 소비자의 나이나 성별과 같은 인구통계학적 데이터에 자주 가는 식당과 자주 사는 물건 등의 행태 데이터를 결합하면 고객의 취향, 선호도, 구매 확률에 대해 더욱 정확한 예측이 가능하다. 그렇게 되면 소비자들은 더 개인화된 맞춤형 서비스를 받을 수 있고 기업들도 새로운 비즈니스를 할 수 있다.

세계적으로 데이터 혁신을 주도하는 기업들의 공통점은 데이터 분석과 활용을 통해 고객의 불편한 점을 찾아내고 초개인화된 맞춤형 솔루션을 제공하는 데 비즈니스의 초점을 맞추고 있다. 이러한 혁신으로 전자상거래 데이터 왕국인 아마존이 오픈마켓 최강자인 월마트를 추월하였다. 고객경험 데이터를 기반으로 한 우버가 세계적 렌터카 업체인 허츠를 뛰어넘었으며 데이터를 통해 예약 성공률을 높인 에어비앤비가 힐튼을 뛰어넘었다.

데이터의 주인은 누구인가

우리는 온라인 사이트에 회원가입을 할 때마다 '개인정보 수집 및 이용에 동의하시겠습니까?'라는 문구와 매번 마주치게 된다. 동의하지 않으면 가입을 하지 못하게 되니 대부분은 '예.'라고 기재한다. 가입하고 나면 항상 궁금하다. 이렇게 해서 만들어진 데이터들은 누가, 어디에, 어떻게 사용할까?

구글의 예를 들어보자. 구글에서는 관심사와 선호 브랜드 등을 토대로 광고를 맞춤 설정할지 선택할 수 있다. 개인계정창에 들어가서 계정관리, 개인정보보호 및 맞춤설정, 그리고 광고 설정을 클릭해보라. 나에 대한 정보들이 가득하다. 성별과 연령대를 포함하여 가계소득 수준, 결혼 여부, 주택 소유 여부 등과 함께 다양한 나의 관심사들이 추정되어 나온다. 그동안 내가 했던 모든 구매 기록과 광고 클릭 등의 활동을 인공지능을 통해 분석하였다고 한다. 어떻게 이렇게 나를 잘 아는지 놀라울 따름이다.

왜 이렇게 기업들은 개인 데이터 수집과 분석에 목을 매는 것일까? 소셜미디어에서의 맞춤형 광고를 위해서라고 한다. 이러한 분석을 통해 개인의 욕구를 알고 만들어진 맞춤형 광고는 구매로 이어질 확률이 높다. 이처럼 기업들은 개인 데이터를 활용하여 다양한 비즈니스를 하고 있다. 하지만 그동안 정보의 주체인 개인들은 개인정보에 대해 적극적으로 권리를 행사하기가 어려웠다. 개인정보 관리와 처리를 제삼자 제공에 대한 동의 절차를 거쳐 기업들에 위임해왔기 때문이다. 개인정보의 통제권자는 그 데이터를 관리하는 기업들이 아니라 바로 그 개인이어야 한다. 모든 개인은 자신의 정보를 소유하고 있는 기업에 대해 '정보가 어떻게 사용되는지 열람'할 수 있고 '원하지 않는 정보는 활용 중단'을 요구할 수 있다. 하지만 이 권리를 실제로 알고 행사해본 사람의 비율은 극소수에 불과하다.

정보 불균형의 심화도 큰 문제로 떠오르고 있다. 개인 데이터를 개인이 아니라 기업에서 통제해오면서 정보 불균형도 크다. 예를 들어 금융상품은 상품구조가 복잡하고 표준화가 어려워 일반 소비자들이 상품의 비용과 혜택 등을 제대로 파악하기가 어렵다. 개인 신용등급이 어떤 이유로 올라갔고 내려갔는지도 알지 못한다. 자신이 사용한 금융기록들을 한눈에 바로 알기가 어렵고 정보 제공이나 비교공시가 완벽하지 않아 합리적인 자산관리가 쉽지 않은 상황이다.

또한 기업의 규모가 차이가 날수록 기업 간 정보 불균형도 점점 커지게 된다. 대형사에 집중된 고객 데이터가 독과점 구조를 증폭시키고 대형사와 중·소형사 간 정보격차를 더 벌리고 있다. 신규 기업의 진입장벽 또한 높아져 있어 개인 데이터를 활용하는 다양한 신규 서비스 도입도 어렵다.

이러한 문제들을 개선하기 위해 개인 데이터의 정보공유체계를 바꾸어야 한다는 목소리들이 나오고 있다. 개인 데이터의 통제권을 소비자에게 돌려주자는 것이다. 이러한 데이터를 제대로 활용하게 함으로써 소비자를 보호하고 공정 경쟁을 유도하며 데이터 경제의 산업을 더욱 발전시킬 수 있는 길을 모색해야 한다.

이제 소비자들도 개인 데이터에 대한 주인의식이 커졌다. 2019년 한국데이터산업진흥원이 실시한 대국민 조사에 따르면 일반 국민은 개인 데이터의 소유권이 기업이 아닌 '개인에게 있다.'라고 인식하는 경향이 높았다.[5] 회원가입 시 입력한 이름, 생년월일, 성별, 연락처 등 개인이 직접 입력한 '일반정보'는 '소유권이 개인에게 있다.'라고 응답한 비율이 무려 84퍼센트(모두 개인에 있다 + 일부 개인에 있다)에 달했다. 트래픽 정보, 위치 정보, 검색기록, 구매 이력, 웨어러블 정보 등 자동화 처리를 통해 단순 생성된 '이용정보'도 84퍼센트가 '소유권이 개인에게 있다.'라고 응답했다. 신용등급, 보험·상품추천 정보 등 서비스, 알고리즘 등의 분석을 통해 생성된 '분석정보'조차도 71퍼센트라는 높은 비율로 개인 소유라고 인식한다.

데이터 경제 시대를 맞이하여 개인정보의 활용과 제공의 중요성을 묻는 말에도 89퍼센트가 공감(매우 공감 + 공감)하는 것으로 나타났다. 또한 일반 국민의 72퍼센트는 개인이 기관, 기업, 단체 등이 보유한 자신의 정보를 제삼자에게 전송하도록 요구할 수 있는 권리인 '데이터 이동권' 도입의 필요성에 대해 공감(매우 필요 + 필요)하는 것으로 나타났다.

이를 정리해보면 소비자들은 개인 데이터의 소유권은 기업이 아닌 개인에게 있다고 인식한다. 그리고 데이터 공유와 활용에 공감하고 있으며 소비자가 원할 때 동의를 얻어 데이터를 이동하는 것에도 이해도가 높은 것으로 나타났다. 소비자들은 나의 데이터의 활용에 대해 내가 결정하고 허락하고 확인할 수 있는 권리를 갖기를 희망하는 것이다.

소비자들은 자신의 데이터나 정보가 얼마나 중요한지와 함께 기업들이 어떻게 활용해서 돈을 벌 수 있는지도 인식하고 있다. 컨설팅 업체 언스트앤영Ernst & Young이 발표한 개인정보 제공에 대한 소비자 인식 설문조사 결과를 보면 전 세계 소비자 97퍼센트가 본인의 정보를 무상으로 제공하는 데 부정적이라고 응답했다.[6] 특히 영국의 소비자들은 340달러(약 40만 원) 정도를 받아야 기업에 개인정보를 제공해줄 수 있다고 했다. 전문가들은 이러한 설문조사 결과와 함께 소비자들이 원하는 개인정보에 대한 값어치가 매년 커지고 있다는 사실에 주목해야 한다고 말한다.

개인 데이터와 마이데이터는 다르다

조직 중심에서 개인 중심으로 데이터의 패러다임이 바뀌고 있다. 지난 50년 동안 기업들이 컴퓨터와 네트워크 사용을 주도하였고 당연히 데이터는 조직 중심의 패러다임이었다. 기업 내 정보공유를 위해 데이터베이스와 데이터 웨어하우스가 도입되었고 기업 경영의 효율화를 위해 고객관계 관리CRM와 공급망 관리SCM 등이 추진되었다. 최근 주목받는 빅데이터 역시 대량의 개인 데이터 등을 조직의 목적을 위해 사용되고 있다. 모두 기업이나 기관, 즉 조직 중심의 데이터 관리였다.[7]

인터넷, PC, 스마트폰, 웨어러블 기기의 발전과 더불어 개인 데이터가 폭발적으로 증가하였음에도 여전히 데이터의 주인은 개인이 아니었다. 개인들은 검색, 쇼핑, 금융, 통신, 의료, 여행 등 일상이나 거래 데이터를 기업들에 제공하였다. 하지만 이들 대량 축적된 데이터에 대한 관리는 지금까지 전적으로 기업에 달려 있었다. 기업이 관리하는 개인들의 데이터는 동의는 얻었다고는 하나 어떻게 활용되는지 전혀 알 수가 없었다. 최악일 때는 기업의 일방적인 사고로 개인정보가 유출되기도 하였다. 개인이 만들어낸 데이터들이 개인의 통제 없이 쓰이고 있었다.

이러한 현상에 대한 반성으로 개인 데이터에 대한 권리를 개인에게 돌려주어야 한다는 마이데이터 운동이 일어났다. '개인 데이터에 대한 권리'라는 의미의 마이데이터 운동은 핀란드에서부터 시작되었다. 이에 자극받은 유럽연합은 2016년 마이데이터와 데이터 산업 활성화를 위한 개인정보보호 규정GDPR, General Data Protection Regulation을 제정하여 세계적인 관심을 불러일으켰다. 유럽연합의 영향으로 다른 나라들도 마이데이터에 대한 정책 수립과 함께 제도 시행에 큰 노력을 기울이고 있다.

유럽연합의 개인정보보호 규정GDPR은 데이터 주권 확립과 데이터 활용을 촉진하는 신호탄이었다. 회원국 간 자유로운 데이터 이동을 보장하고, 개인 데이터 주권을 보장하자는 것이다. 왜 개인정보보호 규정GDPR이 탄생하였을까? 2013년 미국 정부가 애플, 페이스북 등의 인터넷 기업들을 통해 세계 각국의 데이터를 수집한다는 사실이 폭로되었다. 이를 계기로 애플이나 페이스북 사용이 압도적으로 많은 유럽에서는 위기의식이 생겼고 자연스럽게 데이터 주권을 통해 자국민 데이터가 보호되어야 한다는 목소리가 커지게 되었다. 또한 유럽의 '디지털 단일시장' 실현을 위해서는 데이터의 원활한 이동이 필요하였고 그러기 위한 네트워크와 서비스 기반 조성이 시급하였다.

유럽연합은 개인정보보호 규정GDPR 제정을 통해 소비자(개인)가 기업에 개인정보의 이동과 처분을 요구할 수 있도록 하는 데이터 이동과 삭제 등의 권리를 새롭게 규정하였다. 기업은 이를 수행할 수 있는 시스템을 보유해야 하며 관련 정보를 투명하게 공개해야 한다. 이를 위반할 때는 연간 매출액의 4퍼센트 또는 약 250억 원의 벌금을 부과할 수 있도록 하였다. 자국 내 데이터를 현지에 보관하게 하고 해외 반출을 금지하는 등 국내 데이터 보호를 위한 법적 기반도 구축하였다.[8]

유럽연합의 개인정보보호 규정GDPR은 개인 차원에서는 자신의 데이터를 통제하고, 산업 차원에서는 데이터 활용을 촉진하며, 국가 차원에서는 국내 데이터를 보호하자는 규정이다. 이에 영향을 받아 우리나라도 데이터 주권 확립과 데이터 활성화 차원에서 마이데이터 도입이 추진되고 있다. 2018년 8월 정부 부처 합동으로 '데이터 경제 활성화'를 본격적으로 논의하였다. 드디어 2020년 1월 6일 데이터 관련 법들을 국회에서 통과시키면서 새로운 마이데이터 시대를 열게 되었다.

전 세계가 주목하는 마이데이터는 구체적으로 무엇을 뜻하는 것일까? 국제 사회운동 기구인 마이데이터글로벌에서 발행한 『2018년 마이데이터 백서』를 보면 마이데이터는 개인이 접근하고 관리할 수 있는 개인 데이터를 의미하며 개인의 관리에 있지 못한 개인 데이터는 '마이데이터'라고 할 수 없다고 하였다. 또한 '마이데이터는 개인 데이터의 관리에서 조직 중심적 시스템을 사람 중심적 시스템으로 전환하고자 하는 새로운 실천적 운동이다.'라고 규정하였다.

『2018년 마이데이터 백서』는 개인들이 자신의 데이터에 자유롭게 접근하여 이용할 수 있도록 나에 관한 어떤 정보가 있는지 알 권리, 나에 관한 정보를 실제 열람할 권리, 잘못된 나의 정보를 수정할 수 있는 권리, 나에 관한 정보를 누가 왜 접근하고 처리하였는지 면밀하게 알아볼 권리, 나에 관한 정보를 자유롭게 획득하여 사용할 권리, 나에 관한 정보를 제삼자에게 공유하거나 판매할 권리, 나에 관한 정보를 삭제할 권리 등 7가지 권리가 있음을 제시하였다.[9]

한국데이터산업진흥원은 마이데이터를 정보 주체가 개인 데이터에 대한 열람, 제공 범위, 접근 승인 등을 직접 결정함으로써 개인의 정보 활용 권한을 보장, 데이터 주권을 확립하는 패러다임이

마이데이터의 정의와 원칙

	주요 내용	
정의	정보 주체가 개인 데이터에 대한 열람, 제공 범위, 접근 승인 등을 직접 결정함으로써 개인의 정보 활용 권한을 보장하고 데이터 주권을 확립하는 패러다임	
원칙	데이터 권한	개인은 개인 데이터의 접근, 활용, 이동 등에 대한 결정권 및 통제권을 가져야 한다.
	데이터 제공	개인 데이터를 보유한 기업은 개인이 요청할 때 개인 데이터를 안전한 환경에서 쉽게 접근하여 사용할 수 있는 형식으로 제공하여야 한다.
	데이터 활용	개인의 요청 및 동의(승인)에 의한 자유로운 데이터 이동과 제3자의 접근이 가능하여야 하며 그 활용 결과를 개인이 투명하게 알 수 있어야 한다.

(출처: 한국데이터산업진흥원, 2019)[10]

라고 정의하였다. 2019년 이 기관에서 발행한 마이데이터 서비스 가이드라인을 보면 개인은 개인 데이터의 접근과 활용과 이동 등에 대한 결정권 및 통제권을 가져야 한다고 명확히 밝히고 있다. 그리고 개인이 개인 데이터를 보유한 기업에 요청할 때 개인 데이터를 안전한 환경에서 쉽게 접근하여 사용할 수 있는 형식으로 제공해야 한다. 또한 개인의 요청 및 동의(승인)에 의한 자유로운 데이터 이동과 제삼자의 접근이 가능하여야 하며 그 활용 결과를 개인이 투명하게 알 수 있어야 한다. 이 세 가지가 마이데이터의 원칙이라는 것이다. 결국 마이데이터는 개인을 중심으로 개인 데이터가 통제, 제공, 활용이 진행되는 것을 의미한다.

경희대학교 경영학과 박주석 교수는 마이데이터는 특정 개인을 위한 맞춤형 융합 서비스가 핵심이라고 강조한다. 마이데이터는 금융, 공공, 의료, 유통 등 각각 분리된 특정 영역의 생태계가 아닌 금융, 소매, 웹서비스, 미디어, 학습, 이동, 건강, 에너지, 공공 서비스 등 모든 일상의 융합된 개인 데이터의 생태계를 말한다. 이를 기반으로 개인화된 맞춤형 서비스를 받는 것이 궁극적인 목표이다. 즉 기업이 아닌 나의 관점으로 융합된 생태계와 맞춤형 서비스가 마이데이터의 핵심이라 할 수 있겠다.

요즘 워낙 이런저런 데이터 관련 용어가 많다 보니 헷갈릴 수도 있겠다. 가끔 '마이데이터=개인 데이터'로 생각하는 경우가 있는데 구별해야 한다. 개인 데이터는 데이터 주체인 개인, 즉 개별 사람과 관련된 정보이며 사물 데이터나 조직 데이터 등과 대비되는 개념으로 이해하면 좋다. 반면 마이데이터는 개인 데이터의 활용과 관리의 권한이 정보 주체인 개인에게 있음을 강조하는 개인 데이터 활용체계의 새로운 접근 방식이다.

마이데이터, 빅데이터, 오픈데이터 간에도 개념은 분명히 다르지만 또 서로 연관되어 있다.[11] 빅데이터는 기업 관점에서 대규모의 데이터를 처리하는 것이라면 마이데이터는 개인이 자신의 정보에 대해 통제가 가능한지와 개인 데이터의 가치로부터 혜택을 받는 점을 강조한다. 예컨대 기업이 빅데이터 분석 과정에서 발생하는 프라이버시 문제를 해소하고 개인들에게 자신의 데이터가 어떻게 수집되고 처리되는지도 투명하게 보여준다.

오픈데이터는 기술적으로나 법적으로 누구나 무료로 사용, 재사용, 그리고 배포할 수 있는 데이터이다. 주로 공공데이터들이 오픈데이터로 많이 활용된다. 따라서 정보를 자유롭고 투명한 형식으로 접근해야 한다는 오픈데이터 운동 철학은 마이데이터 사상과도

일치한다. 빅데이터 발전으로 데이터 생태계가 만들어졌다. 하지만 데이터 보호나 프라이버시 관련 이슈를 둘러싼 논란은 꾸준히 이어졌다. 이를 해소하기 위해 오픈데이터가 도입되었으며 데이터 민주주의가 더욱 진전됐다. 최근에는 데이터 주권 확립과 데이터 활용이라는 사상을 기반으로 마이데이터가 등장하여 데이터 경제는 더욱 진화할 것으로 보인다.

아울러 마이데이터를 개인정보보호 관점에서 살펴보자. 개인정보보호는 기업이 소유한 개인 데이터에 대한 '기업'의 권한과 책임을 말한다. 반면에 마이데이터는 기업이 소유한 개인 데이터에 대한 '개인'의 권한과 책임을 담고 있다. 즉 개인정보보호는 기업의 관점을 강조하고 마이데이터는 개인의 관점을 강조한다. 마이데이터는 개인 데이터의 주인인 개인에게 데이터를 통제하고 관리할 권한을 되찾아주는 개념이다. 정보보호와 데이터 활용은 상반된 개념이 아니다. 마이데이터는 정보보호를 고려하면서 데이터의 활용도를 높여야 한다.[11] 데이터 활용을 잘하려면 반드시 정보보호가 선행되어야 하기 때문이다.

데이터 3법이 트리거가 됐다

그동안 우리나라는 개인정보 유출 사고를 방지하기 위해 다른 국가들에 비해 개인정보보호와 관련된 법률을 엄격하게 적용해왔다. 그러나 개인정보보호와 개인정보의 활용은 마치 창과 방패인

양 상충하는 바람에 한쪽에서는 규제의 철폐를 부르짖었고 또 다른 쪽에서는 규제의 강화를 부르짖었다.

개인정보보호와 개인정보의 활용이라는 두 개의 가치가 접점을 찾지 못하고 표류하던 중 2020년 1월에 큰 변화를 맞이하게 된다. 데이터 3법인 「개인정보보호법」「정보통신망 이용 및 정보보호 등에 관한 법률(이하 정보통신망법)」「신용정보의 이용 및 보호에 관한 법률(이하 신용정보법)」이 국회 본회의를 통과한 것이다. 데이터 3법에 따라 데이터 주권과 데이터 활용의 법적 근거가 마련되었고 마이데이터와 관련된 혁신적 비즈니스 모델이 생기는 기회가 창출되었다. 법안은 공표 후 6개월 후인 2020년 7월부터 시행되었다.

우선 마이데이터 도입과 관련하여 가장 중요한 법령은 개인정보보호법과 신용정보법이다.[12] 개인정보보호법 개정을 통해 가명정보에 대한 개념을 도입하였고 가명정보는 별도 동의 없이 통계작성, 연구, 공익적 기록보전 목적 등으로 사용이 가능해졌다. 신용정보법은 개인신용정보 전송 요구권 도입을 통해 자신의 개인정보를 제공받거나 제삼자에게 제공하도록 요구할 수 있도록 하였다. "나의 데이터는 직접 관리할 테니, 내가 지정하는 제삼자에게 데이터를 보내달라."라고 요청할 수 있게 된 것이다. 이를 근거로 하여 허가받은 본인신용정보관리업자(마이데이터 사업자)가 마이데이터 사업을 할 수 있도록 법적 기반을 마련하였다.

금융 분야의 개인정보보호도 강화하였다. 앞서 이야기한 개인신용정보 전송 요구권과 함께 기계화와 자동화된 데이터 처리(프로파일링)에 대해 금융 회사 등에 설명을 요구하거나 이의를 제기할 수

데이터 3법 주요 개정내용

주요	소관부처	개정 주요 내용
개인정보 보호법	행정안전부	개인정보·가명정보·익명정보 명확화 가명정보를 통한 데이터 이용 활성화 민감정보에 생체인식정보와 인종·민족 정보 포함 개인정보보호 기능을 개인정보보호위원회로 일원화 개인정보보호법과 정보통신망법 중복규제 정비 정보통신망법 시행령의 관련 규정 이관
정보 통신망법	과학기술정보 통신부 방송통신위원회	가명정보 결합 절차 및 데이터 전문기관 지정 개인신용정보 전송 요구권, 프로파일링 대응권 도입 마이데이터 사업(본인신용정보관리업) 도입 신용정보업 규제체계 선진화 금융권의 정보 활용, 관리 실태를 상시 평가 개인신용정보 유출에 대한 징벌적 손해배상금 강화
신용 정보법	금융위원회	정보통신망법에 규정된 개인정보보호 관련된 사항을 개인정보보호법으로 이관

(출처: 대한민국 정책브리핑, 2020)[13]

있는 프로파일링 대응권도 도입하였다. 기업들은 금융권의 정보 활용이나 관리 실태를 상시 평가하도록 하였다. 또한 개인신용정보 유출에 대한 징벌적 손해배상금도 기존 손해액의 3배에서 5배로 크게 강화하였다. 마지막으로 정보통신망법 개정을 통해서 개인정보보호에 관한 사항을 개인정보보호법으로 일원화하였다.

개정사항 중에서 더 알아두면 좋은 내용도 있다. 개인정보보호법에서는 그동안 폭넓게 정의되어 온 개인정보를 개인정보, 가명정보, 익명정보로 구분하고 보호범위를 구체화했다. 특히 데이터만으로 누구인지 특정하기 어려운 가명정보나 익명정보는 기업이 활용할 수 있도록 했다. 신용정보법에서도 금융 분야 빅데이터 분석과 이용의 법적 근거를 명확히 하였다. 가명정보는 통계작성(상업적 목적 포함), 연구(산업적 목적 포함), 공익적 기록보존 목적으로

가명·익명정보 예시

구분	성명	전화번호	성별	생년월일	보험가입 건수
개인정보	이순신	010-1234-5678	여성	1977. 1. 1	3

※ 성명·전화번호는 직접 식별 가능(식별자), 성별·생년월일은 다른 정보와 조합 시 식별가능성 높음(식별가능정보)

구분	ID	성명	전화번호	성별	출생연도	보험가입 건수
가명정보	900115555888 8ACD88-	삭제	삭제	여성	1977 (또는 40대)	3

※ 성명, 전화, 성별, 생년월일을 조합하여 별도의 ID 생성, 식별자 삭제, 생년월일은 일반화 처리 (연도 또는 연령대)

구분	성명	전화번호	성별	생년월일	보험가입 건수
익명정보	삭제	삭제	D	40대	3

※ 식별가능정보인 성별은 코드 형태로 변환, 나이는 생년월일을 범주화

(출처: 금융위원회, 2020)[14]

개인의 동의 없이 활용하는 게 가능해졌다. 데이터 결합의 법적 근거를 마련한 것이다. 다만 국가 지정 전문기관을 통한 데이터 결합만 허용하고 가명정보 활용과 결합에 대한 안전장치 및 사후통제 수단을 마련하였다.

신용정보법상 전송 요구권은 기존의 제공 동의와는 차이가 크다.[15] 기존의 제공 동의를 기반으로 한 정보 제공 방식은 기업이 고객에게 요청하면 고객(개인)은 단지 동의 여부만 결정할 수 있었다. 이에 반해 개정된 전송 요구권은 고객(개인)이 의지를 갖고 사업자에게 실행하도록 요구하는 것으로 전송 정보나 제공받는 대상 등을 스스로 주도적으로 결정할 수 있다.

정리해보면 데이터 3법 개정으로 소비자들은 개인신용정보 전송 요구권을 통해 자신의 개인신용정보를 제공받거나 제공하도록 요구할 수 있게 되었다. 그리고 개인정보 처리가 기계에 의해 자동

으로 이루어졌을 때도 이의제기를 할 수 있게 되었다. 기업은 개인정보를 가명 처리해 동의 없이도 정보를 활용하거나 상업적 목적을 포함해 제삼자에게 제공하는 것이 가능해졌다. 개인이 마이데이터 플랫폼에 데이터를 제공하면 희망 기업은 이를 활용해 서비스를 개발할 수 있게 된다. 고객의 권리 행사에 따라 본인 정보를 통합하여 조회하고 신용·자산관리 등 서비스를 제공하는 마이데이터 산업이 가능해진 것이다.

데이터 3법 개정은 소비자들의 데이터 주권의 확립과 기업들의 데이터 활용도 향상에 큰 의의가 있지만 아직은 한계가 있다는 지적도 있다. 예를 들어 개인정보보호법에서 개인 데이터 보호 법제를 통일적으로 정비하지 않은 채 신용정보법으로만 개인정보 이동권을 규율하고 있다. 따라서 개인정보보호와 마이데이터 산업 발전의 균형적 측면에서 일반법인 개인정보보호법에 개인정보 이동권을 신설할 필요가 있다는 전문가들의 의견들이 나오고 있다.

데이터 3법과 관련하여 우리나라 마이데이터 정책의 현주소는 다소 늦은 후발주자의 위치에 있다. 해외에서는 10년 전부터 마이데이터 정책 도입이 논의되었다면 우리나라의 마이데이터 정책은 2018년 6월에 정부 부처 합동으로 한 '데이터 산업 활성화 전략'을 필두로 본격적인 출발을 알렸다. 이후 4차 산업혁명 추진위원회를 중심으로 데이터 이동권 확립 및 시범 사업을 추진하기에 이르렀고 2018년 7월에는 금융 분야의 마이데이터 산업 방안을 금융위원회 주도로 발표하였다. 2018년 11월에는 금융 분야 마이데이터 산업 및 개인신용정보 이동권을 도입하는 신용정보법 개정안이 발의되었다. 이어 과학기술정보통신부, 행정안전부, 보건복지부, 산업통상자원부에서도 해당 부처별 마이데이터 활성화 방안을 발표하였다.

2020년 데이터 3법 개정에 따른 마이데이터 시행의 법적 근거를 토대로 정부 부처에서는 다양한 마이데이터 사업을 추진하고 있다. 금융위원회는 이미 마이데이터 사업자를 허가했고 2022년 1월부터 상용 서비스를 본격 개시하였다. 행정안전부는 행정정보 꾸러미 제공과 공공 분야 마이데이터 유통체계 구축을 중심으로 하는 관련 정책을 추진 중이다. 보건복지부도 공공건강 데이터에 대한 조회와 저장과 공유를 할 수 있는 앱 서비스를 제공하고 자신의 의료기록을 한곳에 모아서 원하는 대상에게 데이터를 제공하는 '마이 헬스 웨이' 플랫폼을 구축하고 있다. 과학기술정보통신부는 지난 2019년부터 금융상품 추천 서비스, 소상공인 문서·자금 플랫폼 서비스, 응급 상황 시 진료기록 공유 서비스 등 마이데이터 실증사업을 벌이고 있다. 마이데이터는 성큼 우리 곁에 다가와 새로운 데이터 라이프 시대를 열었다.

그렇다면 구체적으로 마이데이터 서비스란 무엇일까? 소비자가 각종 기업과 기관에 흩어져 있는 자신의 개인정보를 특정 마이데이터 사업자 등에게 활용할 수 있도록 동의한 뒤 이들 업체에서 자신에게 유용한 맞춤형 서비스를 받는 것이라 할 수 있다. 예를 들어 금융, 쇼핑, 통신, 의료, 공공기관 등의 개인 데이터 활용 동의를 통해 다양한 분야에서 맞춤화된 서비스를 받을 수 있다.

기업 입장에서의 마이데이터 사업은 고객의 전송요구권 행사에

마이데이터 서비스 개념도

(출처: 과학기술정보통신부 보도자료, 심연숙, 2020)[16]

따라 분산된 개인정보를 제공받아 해당 고객에게 맞춤화된 서비스를 제공하는 사업을 말한다. 금융 분야의 예를 들어보자. 금융 마이데이터 사업(신용정보법상 본인신용정보관리업)은 개인이 본인 신용정보를 직접 내려받거나 동의하에 제삼자에게 제공하여 신용관리, 자산관리, 나아가 다양한 개인 생활에 본인 정보를 활용하도록 지원하는 사업이다. 금융 분야 마이데이터 사업은 개정된 신용정보법에 근거하여 2020년 8월부터 발효되었으나 사업자 선정, 가이드라인 제정, 표준 전송시스템 구축 등의 준비를 거쳐 2022년 1월부터 상용 서비스를 개시하였다.

제공되는 대상 정보는 은행, 보험, 카드, 금융투자 등의 금융권 정보와 전자금융, 통신, 세금, 4대 보험 납부 정보 등이다. 2021년 11월 말 기준으로 금융 회사, 빅테크 기업, 핀테크 기업, 신용평가 기업 등 총 53개 기업이 금융위원회로부터 금융 마이데이터 사업자 허가를 받았다. 이들 기업들은 표준화된 전송 시스템API과 애플리케이션(앱)을 구축한 후 적격 테스트를 거쳐 본격적인 서비스를 제공하고 있다. 이외에도 30여 개 이상 기업들이 인가를 기다리거나 신청 중이다. 마이데이터 사업이 다른 산업보다 금융권에서 먼저 시행되는 이유는 우선 금융권이 정제된 데이터가 가장 많이 축적되어 있고 2019년 오픈뱅킹 등을 통해 데이터 활용도 가장 활성화되어 있기 때문이다. 아울러 2020년 신용정보법 개정으로 마이데이터 사업의 법적 기반도 가장 먼저 구축하였던 것도 또 다른 이유이다.

금융 분야 마이데이터 서비스는 현재 시행 중인 오픈뱅킹이나 핀테크 스타트업인 토스 또는 뱅크샐러드가 수행하는 기존 자산관리 서비스와 유사하다. 2019년 금융결제망 인프라 개방 차원에서 도입된 오픈뱅킹은 표준화된 전송 시스템API을 통해 개인에 대한 정보를 주고받을 수 있고 자금을 이체할 수 있는 인프라를 말한다. 오픈뱅킹 시스템을 통해서도 은행, 카드, 증권, 보험 등에 흩어져 있는 자산을 한눈에 조회하고 관리하는 정도는 가능하다. 하지만 오픈뱅킹은 금융에만 한정되어 정보의 양이나 범위가 마이데이터보다 훨씬 떨어진다.

마이데이터 서비스는 기존 핀테크 기업들이 제공해오던 자산관리 서비스보다는 개인정보보호와 시스템 안정성에서 훨씬 뛰어나다. 종전에는 업체에서 '스크래핑Scraping 시스템'을 활용하여 정보를 수집해왔다. 스크래핑은 사용자가 본인인증을 하면 플랫폼이 각 금융 회사나 공공기관에서 해당 정보를 긁어오는 방식이다. 기업이나 기관에 정보를 요청하여 정보를 수집해야 하므로 스크래핑 방식은 시간이 그만큼 오래 걸리고 시스템적으로도 불안정한 경우가 발생하였다. 하지만 2022년 1월부터 의무화되는 표준화된 전송 시스템API 방식은 정보 제공 기업들이 표준화된 규격으로 사용자 정보를 전달하기 때문에 시간이나 보안 측면에서 더욱 우수하다는 평가를 받는다.

마이데이터 시대에 라이프는 어떻게 바뀔까

금융과 비금융정보가 마이데이터로 결합한다

소비자들은 마이데이터 서비스에 대해 어떠한 인식을 하고 있을까? 2021년 3월 글로벌 결제 기업인 비자Visa가 '마이데이터' 서비스 시행 전에 소비자 조사를 한 결과를 보면 일반 소비자들의 64.1퍼센트가 관심이 있다고 응답하였으며 64.6퍼센트가 이용 의향이 있다고 대답하였다.[17]

마이데이터에 관심을 가지는 이유로는 여러 곳에 있는 내 정보를 한곳에 모을 수 있어서, 지출과 자산관리에 도움이 될 것 같아서, 포인트나 혜택 정보를 한곳에 모을 수 있을 것 같아서, 온라인 및 앱 사용이 더 간편해질 것 같아서, 데이터의 주권을 갖게 되어서, 맞춤 상품 및 서비스를 추천받을 수 있어서 등의 순서로 조사되었다. 반면 마이데이터에 관심을 가지지 않는 이유로는 내 개인

정보가 유출되는 것이 우려되어서, 여러 곳에 있는 내 정보를 모을 필요가 없어서, 지출과 자산관리를 하는 데 큰 도움이 되지 않을 것 같아서 등의 순으로 확인되었다.

또한 기존 금융 회사에서 제공되던 금융 서비스를 플랫폼이나 IT 기업에서 제공한다면 이용할 의향이 있는지를 묻자 53.1퍼센트가 의향이 있다(매우 이용+이용)고 대답하였다. 소비자들은 플랫폼 기업과 IT 기업 또한 마이데이터 관련 서비스에서 경쟁력을 갖춘다면 긍정적인 역할을 할 것이라고 기대하는 듯하다.

그렇다면 마이데이터 서비스 도입되면 소비자들에게는 무엇이 달라질까? 제일 먼저 시행되고 있는 금융 분야부터 자세히 살펴보자. 우선 마이데이터 서비스가 도입됨으로써 소비자들의 데이터 주권이 크게 향상된다. 소비자 권리인 개인신용정보 전송 요구권 행사에 기반하여 기업에 자신의 정보를 요구하여 보관하거나 제삼자에게 제공하라고 요청할 수도 있다. 예를 들어 은행에 본인의 입출금 기록이나 카드사에 사용 실적을 요구하여 가계부 앱에 제공받으면 나만의 간편한 소비지출 관리가 가능해진다.

이와 함께 데이터 3법 개정으로 이전에는 시행이 어려웠던 개인신용정보의 열람청구, 삭제·정정 요구, 프로파일링 대응권 등 다양한 소비자 권리도 같이 행사할 수 있다. 특히 프로파일링 대응권은 자동화된 시스템으로 산정된 신용평가점수, 보험료, 맞춤형 혜택 등이 불합리할 때 소비자가 금융 회사에 설명을 요구하거나 이의 제기를 할 수 있다. 이를 통해 본인의 긍정적인 정보를 금융 회사나 신용평가 기업에 전달하여 여신심사나 개인 신용평가 등에 유

업권별 마이데이터 주요 정보

업권	업권별 주요 제공정보
은행	예·적금 계좌잔액 및 거래내역, 대출잔액·금리 및 상환정보 등
보험	주계약·특약사항, 보험료납입내역, 약관대출 잔액·금리 등
금투	주식 매입금액·보유수량·평가금액, 펀드 투자원금·잔액 등
여전	카드결재내역, 청구금액, 포인트 현황, 현금서비스 및 카드론 내역
전자금융	선불충전금 잔액·경제내역, 주문내역(13개 범주화) 등
통신	통신료 납부·청구내역, 소액결제 이용내역 등
공공	국세·관세·지방세 납세증명, 국민·공무원 연금보험료 납부내역 등

(출처: 금융위원회, 2021)[18]

리하게 활용할 수 있다.

금융 분야의 마이데이터 서비스가 시행됨으로써 소비자들은 금융과 비금융을 아우르는 자신의 다양한 데이터들을 한눈에 확인할 수 있어 자산관리가 더욱 편리해진다. 아울러 통합된 데이터를 기반으로 자문을 받을 수 있고 비교·추천을 통해 맞춤형 상품과 서비스을 제공받을 수 있다. 내 손안에 금융비서가 생기는 것이다.

실제 나도 2022년 1월부터 서비스를 제공 중인 몇 개 기업의 앱을 들어가 마이데이터 서비스를 신청해보았다. 몇 번의 동의 버튼과 본인인증 절차를 마치자 예·적금 잔액과 보험료, 카드 지출, 보험료, 주식투자 금액, 선불페이, 통신비 등을 한꺼번에 볼 수 있었다. 그동안은 은행과 카드회사나 보험 회사 등에 정보가 흩어져 관리하기가 불편하였다. 그런데 개인의 은행 입출금 정보, 대출, 보험, 카드, 금융투자는 물론 자동차, 부동산, 통신 이용 등 다양한 비금융정보를 한꺼번에 볼 수 있었다. 카드사와 페이 등에 적립된 포인트도 자산 목록에 올라와 자산관리에 표시된다. 향후 제공되는 정보 범위와 대상기관이 더욱 확대된다고 하니 정확성과 편리함이 더욱 커질 것으로 기대된다.

마이데이터 통합조회 서비스는 개별 소비자에게 유의미한 정보와 상품을 추려내 알기 쉽게 제공한다. 덕분에 금융 소비자들에게 합리적인 소비관리와 자산관리를 지원할 수 있게 되었다. 신용카드, 페이 결제, 통신비 등 평소 씀씀이를 분석하여 지출 패턴을 1일 단위로 분석하고 전월 대비 진단을 통해 당월 소비를 예측해준다. 동일 연령대 대비 외식비, 편의점 사용비, 커피 구입비, 쇼핑비 등을 알려주고 소비를 줄여 아낀 만큼 저축을 안내해주기도 한다.

또한 보유하고 있는 전체 계좌의 자산 현황을 통합하여 본인 자산을 종합적으로 파악하고 관리하도록 유도한다. 필요하다면 계좌별로 효과적인 자금 배분을 컨설팅하여 비합리적 소비 행태를 극복하는 데 도움을 준다. 마이데이터를 통한 금융상품의 통합적 관리는 금융에 대한 개인의 무관심을 개선하는 데 기여할 것으로 보인다. 대표적인 사례가 퇴직연금인데 1년에 한 번도 운용지시를 하지 않는 가입자들이 많다고 한다.

마이데이터 서비스의 또 다른 중요한 기능은 비교·추천에 기반한 맞춤형 서비스이다. 그동안 금융은 상품이 복잡하고 표준화도 어려워 다양한 금융상품을 한눈에 비교하고 평가하기가 어려웠다. 비교공시나 정보 제공도 부족하여 수수료나 혜택 등에서도 제대로 이해하지 못하고 가입할 때가 많았다. 마이데이터 서비스를 이용하면 재무 현황과 소비 행태나 현금흐름 등의 분석에 기반하여 소

마이데이터 서비스의 맞춤형 혜택 예시

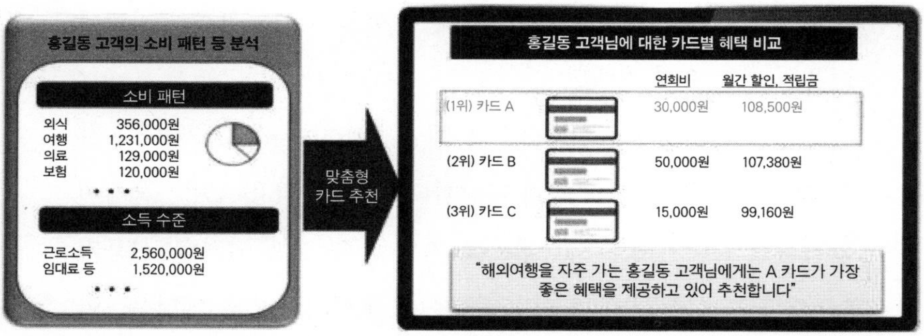

홍길동 고객의 소비 패턴 등 분석

소비 패턴

외식 356,000원
여행 1,231,000원
의료 129,000원
보험 120,000원
• • •

소득 수준

근로소득 2,560,000원
임대료 등 1,520,000원
• • •

맞춤형 카드 추천

홍길동 고객님에 대한 카드별 혜택 비교

	연회비	월간 할인, 적립금
(1위) 카드 A	30,000원	108,500원
(2위) 카드 B	50,000원	107,380원
(3위) 카드 C	15,000원	99,160원

"해외여행을 자주 가는 홍길동 고객님에게는 A 카드가 가장 좋은 혜택을 제공하고 있어 추천합니다"

(출처: 금융위원회, 2018)[19]

비자 니즈에 딱 맞는 맞춤형 금융상품 추천을 할 수 있다. 예를 들어 금융기관 거래 이력, 쇼핑몰 소비 내역, 인터넷 검색 기록 등을 활용하여 할인 혜택이 가장 많은 카드를 추천받을 수 있다. 여행을 계획하거나 자동차를 구매한다면 여행 일정에 맞는 가장 저렴한 보험을 맞춤형으로 제공받을 수 있다. 또한 중도 상환을 하고자 할 때 상환수수료를 미리 알려주거나 변동금리 대출을 받았으면 가장 유리한 금리를 안내받는 등 실시간으로 맞춤형 정보 제공도 가능하다.

금융 자문 서비스를 통한 합리적 금융거래도 기대할 수 있다. 여러 금융계좌를 보유하고 있을 때 한 계좌에는 잔고가 많고 다른 계좌에는 잔고가 부족해 연체가 발생하여 이자를 낸 경험이 있을 것이다. 더 나아가 목돈 마련을 위해 연 1~2퍼센트 금리의 낮은 은행예금에 가입하면서 자동차를 사기 위해서는 연 4~5퍼센트의 높은 할부 금리를 지급하는 비합리적인 행태도 간혹 본다. 금융 소비자들이 대체로 겪는 이와 같은 자산관리의 비합리적 행태도 마이데이터 자산관리 서비스를 통해 개선될 것으로 보인다.[20]

언론 보도에 따르면 우리나라는 자산관리 서비스를 받은 경험이 있는 사람이 10명 중 2명에 불과하다고 한다. 그것도 고액 자산가에 한정되어 운영되고 있다. 마이데이터 산업은 소비자들의 데이터를 일괄적으로 수집하여 분석함에 따라 단위당 비용 절감이 가능하다. 따라서 다양한 알고리즘을 통해 목표자금 산정을 도와 재무 목표에 도달하는 방법을 제시할 수 있다. 예를 들어 퇴직을 앞둔 연령층은 마이데이터 서비스를 통해 부동산, 주식, 현금, 자동차를 포함하여 건강, 생활, 투자 행태까지 분석하여 은퇴에 대비한 자산관리 서비스를 받을 수 있다. 은퇴 시기에 따라 은퇴 이후에 지출할 자금이 적절한지, 부족한지를 계산하고 은퇴 이후 자금 규모에 대한 총체적 파악을 가능하게 하여 지금부터 목표 수립을 할 수 있다. 그동안 고액 자산가에게만 한정되어 왔던 금융자문 서비스가 일반 소비자에게도 모바일을 통해 쉽고 간편하게 확대된다면 구조적인 소비자의 정보 비대칭 문제가 크게 개선될 것이다.

금융 마이데이터가 독점의 장벽을 무너뜨린다

그동안 금융 데이터는 대형 금융 회사들이 독점하면서 경쟁할 수 있는 새로운 기업이 등장하기 어려웠다. 하지만 마이데이터 서비스 도입으로 핀테크나 빅테크 등 신규 기업들도 금융 관련 데이터를 확보하기 쉬워져 진입장벽이 낮아진다. 이렇게 개인 데이터가 개방되면 금융정보 통합조회와 재무분석 서비스를 포함해 다양한 맞춤형 서비스가 가능해진다.

기업들의 경우 마이데이터 사업을 통해 맞춤형 금융 서비스와 초개인화된 사업 기회를 확보할 수 있다. 종전에는 고객의 자금이 여러 금융 회사에 분산 투자될 경우 고객이 실제 어떤 투자 성향을 지녔는지 제대로 알지 못했다. 하지만 마이데이터 사업을 통해 기업들은 고객이 어떤 유형인지 더 정교하게 알 수 있게 되었다. 이를 통해 마이데이터 사업자들은 분산된 개인 금융거래 등의 정보를 통합하여 가독성이 높은 형태의 금융정보 통합조회 서비스를 소비자들에게 제공할 수 있다. 수집된 개인 금융정보 등을 기초로 소비 패턴과 재무 현황 등을 분석하고 자산 세부 현황, 주간 소비 현황, 투자상품 수익률 등을 앱을 통해 소비자들에게 보고서 형식으로 제공할 수 있게 된다.

소비자별로 신용 상태와 재무 현황을 분석하여 관련 금융상품 목록을 제시하고 타사 상품과의 비교 안내를 통해 더욱 유리한 조건의 상품추천도 가능하다. 이외에도 마이데이터 서비스를 통해 기업들은 고객 특성을 분석하여 타깃 고객과 잠재 고객을 발굴하고 마케팅 이슈를 찾아낼 수 있다. 라이프스타일 분석과 함께 상세한 소비 분석으로 소비 트렌드 예측도 가능하다. 궁극적으로는 마이데이터 사업자들은 소비자들의 재무 상황 개선을 위한 맞춤형 자산 컨설팅에서 수익 모델을 찾을 것으로 보인다. 맞춤형 자산 컨설팅은 고객의 재무 목표 및 투자 성향에 맞게 현금흐름과 자산 포트폴리오를 최적화하여 상품과 솔루션을 추천하는 사업이다. 지점 방문이나 통화를 통해서만 가능했던 자산 컨설팅은 스마트폰만 있으면 언제 어디서나 이용할 수 있다. 각 소비자에게 알맞은 자산관리 계획이나 소비 습관 등을 제안하여 더욱 높은 수익을 손쉽게 실현하도록 도와줄 수 있으리라 보인다. 가까운 미래에는 마이데이터 사업이 인공지능 기술과 결합한 인공지능 로보어드바이저 컨설팅 비즈니스가 주목받을 것으로 예상된다.

마이데이터 산업으로 대안 신용평가 등 기존 시장도 확대될 전망이다. 비금융정보를 이용한 신용정보 조회가 가능하기 때문이다. 그동안은 사회 초년생이나 주부들, 이른바 '신파일러Thin Filer'들은 카드와 대출 사용 내역 등 금융거래의 이력이 없어 신용평가가 불가능했다. 하지만 이들도 전기, 가스, 수도 요금이나 통신비 등을 통해 신용점수를 쌓으면 이를 토대로 신용대출이 가능하다. 개인사업자들도 각자의 업종, 업력, 상권, 매출 등의 정보를 토대로 신용을 평가받게 된다. 부동산 담보가 없거나 신용도가 낮아 어려움을 겪던 영세 상공인이나 자영업자도 '개인사업자 신용조회'를 이용하여 대출 서비스를 받을 수 있다.

이처럼 마이데이터 산업의 등장으로 관련 사업 확장성은 무궁무진할 듯하다. 마이데이터 사업자들은 신용평점 개선 및 금리 인하 등 프로파일링을 대행할 수도 있으며 데이터 컨설팅, 자산·재무·신용 관리 등 다양한 부수 업무도 영위할 수 있다. 당국의 승인을 얻을 경우 투자자문과 투자일임 등 금융상품 자문업도 겸업할 수 있다. 해외에서 사업을 하기도 편리해진다. 유럽의 개인정보보호 규정GDPR 등 선진국과 유사한 데이터 처리 방침을 준수하게 되면 해외 비즈니스에서의 어려움도 감소할 것이다. 나아가 마이데이터 도입을 통해 기업들이 성공적인 사업 역량을 구축한다면 성공 모델을 해외에 접목하여 성공할 가능성도 크다.

마이데이터 사업은 아직 초기 단계로 금융기관, 빅테크, 핀테크 기업 모두 다른 기업과 차별화된 서비스를 제공하기 위해 노력하고 있다. 하지만 아직 소비자들의 반응이나 시장이 성숙하지 못해 수익 모델로서 자리잡기 위해서는 일정 시간이 필요할 것으로 보인다. 그렇지만 마이데이터 사업은 향후 사업 확장성이 무한할 것으로 귀추가 주목된다. 개인 금융 데이터 활용 범위가 점차 확대되고 의료정보나 소셜미디어 위치 정보 등 이업종 데이터와 결합이 확장될수록 생각지 못한 새로운 아이디어들이 등장해 앞으로 엄청난 사업 기회가 창출될 것이기 때문이다.

마이데이터 시장에서 경쟁을 펼치고 있는 기업들의 가장 큰 화두는 역시 수익화를 위한 비즈니스 모델이다. 기업으로서는 당연한 고민이다. 사업 참여에 대한 당국의 허가도 받아야 하고 시스템 구축에 막대한 비용도 들게 되니 수익화 모델이 먼저 생각날 것이다. 하지만 기업도 잊지 말아야 할 것이 있다. 바로 마이데이터 시행의 취지이다. 데이터를 가져다가 어디에다 사용하느냐(데이터 활용)도 중요하지만 소비자들의 데이터의 주권을 잊지 말아야 한다.

마이데이터 비즈니스의 본질은 기업이 아닌 개인이다. 기업들은 마이데이터를 수집하여 고객에게 보여주는 것과 고객이 요구하는 곳으로 데이터를 전송해주는 것에 더욱 초점을 맞추어야 한다. 이러한 관점에서 소비자들이 본인 데이터를 관리할 수 있게 하고, 보고 싶어하는 정보를 제대로 보여주고, 그에 따른 다양한 맞춤형 솔루션을 제공해야 할 것이다.[21]

공공 마이데이터로 원스톱 행정 서비스를 누린다

금융위원회가 주관하는 금융 마이데이터와 별도로 다른 부처에서도 다양한 실증 및 시범 사업이 펼쳐지고 있다. 2021년 2월 행정안전부는 각종 행정 및 공공기관에 흩어져 있는 개인정보를 한 번에 모아 간편하게 서비스를 신청할 수 있는 '공공 마이데이터 서비스'를 시작하였다.

공공 마이데이터 서비스는 마이데이터 개념 중 전송 요구권을 활용하여 행정기관 등이 보유하고 있는 본인 정보를 전송하도록 요구하는 공공 서비스이다. 이 서비스는 중소상공인, 일자리, 금융 등 8개 서비스에 적용되어 국민에게 제공된다. 앞으로 국민은 공공과 민간기관에서 제공하는 서비스를 받기 위해 여러 서류를 제출해야 하는 불편함을 줄일 수 있을 것 같다.

행정안전부가 추진하는 마이꾸러미 서비스 사업도 흥미롭다. 마이꾸러미 서비스는 공공기관에 제출해야 하는 구비서류 중 필수 정보만 최소한으로 선별하여 하나의 꾸러미 형태로 제공해주는 서비스이다. 예를 들어 주민등록표 등(초)본에는 성명과 주소만 선택하고 지방세 과세증명서에는 과세 대상과 세액만 선택하여 꾸러

마이데이터를 통해 받을 수 있는 공공 서비스

분야	주요 서비스(예시)
건강 의료	• 개인 건강기록 조회, 내가 먹는 약 한눈에
생활 안전	• 119안심콜, 주민등록증 재발급 신청, 개인 채무조정 • 은행 신용대출, 신용카드 신청, 주택청약, 서민지원 예금상품
복지 혜택	• 경기 청년 기본소득 • 공익직불제 서비스, 우리 가족 복지서비스 찾기 • 기초연금 신청, 주거급여 신청, 교육 급여 신청, 청년복지 알림
창업 경영	• 두루누리 보험료 지원, 소상공인 자금 융통, 소상공인 확인, 경기도 계약정보 알림
취업 지원	• 일자리 매칭, 국가R&D사업 참여연구원 자격 확인, 경기 청년 면접 수당, 경기도 채용정보 알림

(출처: 행정안전부, 2020)[22]

미 형태로 활용할 수 있다. 제출해야 하는 증명 및 구비서류 중에서 필요한 데이터 항목만 발췌하여 데이터꾸러미로 제공함으로써 본인의 행정정보를 편리하게 직접 활용할 수 있게 한 것이다. 지금까지 일반 국민은 본인 정보에 대한 관리 권한이 정보 보유기관에 있었기 때문에 공공기관을 일일이 방문하여 필요서류를 발급받았고 심지어는 불필요한 정보까지 함께 제출하였다. 하지만 앞으로는 국민이 자기 정보를 직접 활용할 수 있게 되었고 필요한 항목만 선택하여 제공함에 따라 불필요한 개인정보 유통을 방지할 수 있게 되었다.

신용대출을 받을 때도 마이데이터의 도움을 받을 수 있다. 신용정보원의 공공 마이데이터 시범 서비스로 신용대출을 할 때 서류 간소화가 가능해졌다. 종전에는 신용대출을 받으려면 대출에 필요한 행정 서류를 제출하기 위해 공공기관을 방문해야 하는 번거로운 절차가 있었다. 하지만 공공 마이데이터 도입으로 금융 회사 방문만으로 원스톱으로 처리할 수 있다. 일반 국민이 공공 마이데이터 서비스 이용에 동의하면 금융거래 시에 필요한 각종 행정기관 서류가 신용정보원을 통해 편리하고 안전하게 제공된다.

신용정보원은 공공 마이데이터에서 공공과 금융 분야를 연결하는 연계 기관의 역할을 한다. 앞으로 은행과 카드사 등 9개 금융사의 신용대출 신청 및 신용카드 발급 서비스에 공공 마이데이터를 순차적으로 적용할 예정이다. 금융사들 역시 공공데이터를 정확하고 안전한 유통체계를 통해 실시간으로 받게 되어 시간과 비용을 크게 줄일 수 있다.

민원처리에 관한 법률과 전자정부법 개정안이 시행되면서 2021년 12월부터는 정부24 앱에서도 공공 마이데이터 서비스를 본격 이용할 수 있게 되었다. 주민등록표 등·초본, 지방세납부확인서 등의 90여 가지 종류의 행정정보에 대해 자신의 행정 데이터를 필요한 곳으로 보내는 공공 마이데이터 포털 서비스를 받을 수 있다. 또한 소상공인 대출, 은행 신용대출, 신용카드 신청, 출생 신고 등 상황에 따라 필요한 데이터를 한 번에 제출하는 24종의 묶음 서비스도 이용할 수 있다.

의료 마이데이터로 건강정보를 한눈에 본다

보건복지부가 주관하는 의료 분야 마이데이터(마이헬스웨이) 도

마이헬스웨이 플랫폼 구성(안)

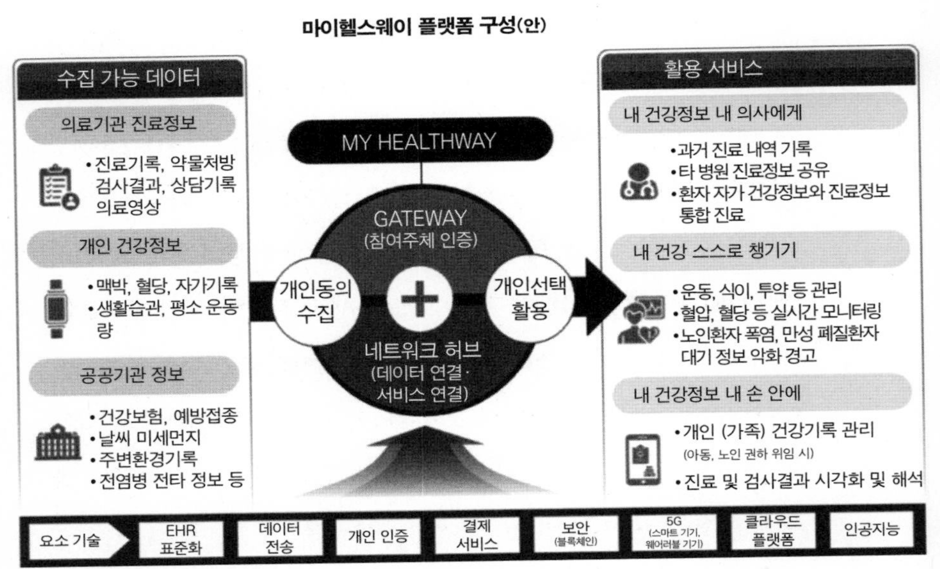

(출처: 보건복지부, 2021)[23]

입방안도 제시되었다. 의료 분야 마이데이터는 국민이 자신의 건강정보에 대한 결정권을 갖고 원하는 곳에 원하는 방식으로 활용하여 건강 증진 혜택을 누려야 한다는 환자 중심의 패러다임 전환에서 출발한다.

그동안 국민은 여러 기관에 흩어진 자신의 건강정보를 모으기 위해서는 의료기관 등을 직접 방문해야 하는 등 불편이 너무나도 컸다. 또한 자신의 건강정보를 통합 조회하거나 활용할 수 있는 수단이 없어서 데이터의 능동적인 활용이 어려웠다. 하지만 의료 마이데이터가 도입된다면 국민은 여러 곳에 흩어진 건강정보를 불편 없이 찾을 수 있고 다양한 건강 증진 서비스도 받을 수 있을 것으로 보인다. 마이헬스웨이 구축을 통해 국민과 관련 기관들은 인터넷 또는 앱을 통해 공공건강, 병원 의료, 개인 건강 데이터 등을 조회하여 활용할 수 있게 된다.

마이헬스웨이 사업은 단계적으로 추진되고 있다. 우선 공공건강데이터(국민건강보험공단, 건강보험심사평가원, 질병관리청 등)를 수집하고 향후 민간 건강 데이터(병원 의료데이터, 라이프로그Life log, 유전정보 등)까지 점차 확대할 계획이다. 이러한 데이터들은 진료 중복처방 방지, 응급 상황 정보공유, 백신 부작용 알림, 약물 알레르기 부작용 알림 등의 의료 서비스에 우선 활용된다. 나중에는 생애주기 건강검진 알림, 개인 맞춤 건강관리 서비스, 자녀 예방접종 알림, 부모님 건강 모니터링 서비스 등에도 적용할 계획이라고 한다. 이를 위해 데이터 표준화, 플랫폼 구축, 인증 및 동의 체계 구현 등 사전 인프라 구축이 필요하다. 이러한 플랫폼이 구축되면 약 6만개의 의료기관과 헬스케어 업체와 보험 회사 그리고 전 국민이 참여하는 거대한 의료 데이터 생태계가 탄생할 수 있을 것으로 기대된다. 보건복지부는 2022년 말까지 마이헬스웨이 플랫폼 기반의 마이데이터 생태계 조성을 목표로 하고 있다.

나의 건강기록을 관리하는 것도 훨씬 수월해졌다. 보건복지부는 2021년 2월 '나의 건강기록' 앱을 출시하였다. 이 앱을 통해 국민은 건강검진, 진료, 투약, 예방접종 이력을 통합적으로 관리할 수 있으며 저장한 본인 건강정보를 원하는 곳에 전송할 수도 있다. 마이헬스웨이 구축 전까지는 '나의 건강기록' 앱을 통해 공공건강 데이터만 조회할 수 있고 저장도 가능하다. 향후 플랫폼 구축 후에는 의료기관의 민간 앱을 통해서도 데이터를 직접 조회하고 활용할 수 있게 하고 병·의원의 의료 데이터까지도 수집할 예정이다.

하지만 의료 마이데이터 발전을 위해서는 넘어야 할 산들이 많이 남아 있다. 보건·의료정보는 환자의 민감한 정보라서 향후 개인정보보호법이 어떻게 처리될지 지켜봐야 한다. 또한 데이터 3법이 유연하게 적용되기 위해서는 당연히 의료법과 국민건강보험법의 개정도 남아 있다. 나아가 대규모 데이터 수집을 위해서는 대형 병원의 참여가 반드시 있어야 하며 국민 개개인의 동의를 얻는 것이 필요하다. 이러한 법적 기반 구축과 사회적 합의가 해결된다면 공유된 의료 마이데이터를 통해 환자 개개인의 상태를 빠르게 파악하고 이에 맞는 다양한 의료 및 헬스케어 서비스가 제공되는 산업이 급속히 성장할 전망이다.

이미 글로벌에서는 마이데이터가 시작됐다

유럽연합은 개인정보보호법에 데이터 주권을 강화했다

앞서 잠깐 언급했듯이 마이데이터 개념이 처음으로 입법화된 사례로는 유럽연합을 들 수 있다. 유럽연합은 2018년부터 일반 개인정보보호 규정GDPR을 제정하였다. 유럽연합의 마이데이터 시작은 개인 데이터를 활용해 이익을 추구하는 구글, 애플, 페이스북, 유튜브 등 미국 빅테크 업체를 규제하고 디지털 유럽 단일시장을 도모하기 위한 목적이 컸다. 유럽연합의 개인정보보호 규정인 일반 개인정보보호 규정GDPR이 중요하게 거론되는 이유는 바로 여기에 마이데이터라고 하는 개념이 포함되어 있기 때문이다.

일반 개인정보보호 규정GDPR 제정의 가장 중요한 사항은 마이데이터 개념, 즉 정보 주체의 권리 강화이다. 핵심 개정내용을 보면 개인정보의 이동권과 처리 제한권을 신설하였고 개인정보 처리를 거부할 권리(프로파일링)와 개인정보 삭제권을 강화하였다. 또한 데이터 전송 요구권을 통해 고객이 요청할 때 데이터 보관 기관은 제삼자에게 활용도 높은 형식으로 데이터를 전송해야 한다는 규정도 함께 담겨 있다.[24]

아울러 기업들은 전담 개인정보보호 책임자를 지정해야 하고 개인정보에 대한 암호화 체계를 필수로 갖춰야 한다. 이를 심각하게 위반할 때 최대 글로벌 매출의 4퍼센트 혹은 2,000만 유로(약 270억 원) 중 높은 금액을 과징금으로 내야 한다. 미국 빅테크 기업이 개인정보를 싹 쓸어가는 상황에 맞선 유럽의 법과 제도적 대응인 셈이다.

유럽연합은 이후 지급 결제 서비스 지침인 PSD2(Payment Services Directive 2)도 같이 마련하였다. PSD2는 지급 결제 시장의 활성화를 위해 개인의 금융정보를 의무적으로 제공해야 하는 지침이다. 이를 위해 사용자 동의에 근거하여 개인정보 이동권을 금융산업에 적용하도록 규정하였다. 이 지침의 제정으로 제삼자 지급 서비스 제공자는 고객 금융정보를 활용하여 통합조회 분석 서비스는 물론 결제 대행 업무까지 제공할 수 있게 되었다.

소비자는 하나의 금융 앱으로 여러 금융 회사에 흩어진 계좌를 한 번에 관리할 수 있게 되었고 핀테크 기업들은 계좌 정보 서비스 제공AISP, Account Information Service Provider과 지급지시 서비스 제공Payment Initiation Service Provider 시장에 참여할 수 있게 되었다.[25] 우리나라의 마이데이터 사업은 유럽연합EU의 계좌 정보 서비스업

EU의 PSD2 도입에 따른 변화

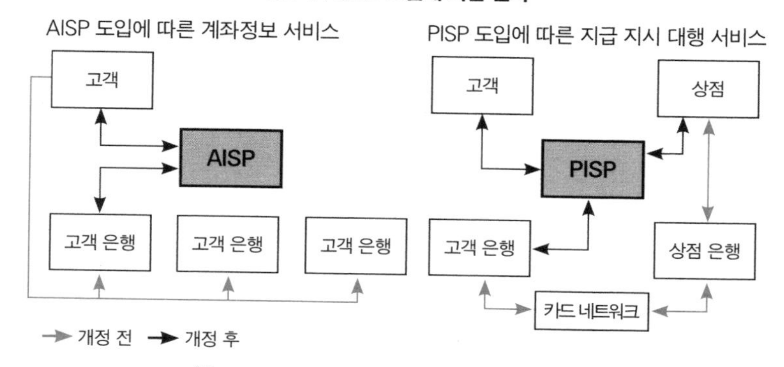

(출처 : 한국은행, 2018)[25]

AISP과 유사하며 마이데이터 제도에 이어 지급지시 서비스업PISP 도입을 논의 중이다.[26]

결론적으로 일반 개인정보보호 규정GDPR으로 산업 전반에 개인의 정보결정권을 강화하면서 PSD2로 개인정보 이동권을 금융산업에 적용했다고 볼 수 있겠다. 법제화 이후 유럽에서는 개인 데이터를 활용한 플랫폼 서비스가 등장하여 다양한 금융 서비스를 제공하고 있다.

영국은 은행권 중심의 마이데이터 사업을 시행했다

영국은 다른 나라에 비해 마이데이터 시작이 빨랐다. 영국 정부는 2011년에 기업들이 가지고 있던 소비자 정보를 디지털화하여 고객에게 제공하는 '미데이터Midata' 정책을 발표하였다. 이어 에너지와 이동통신 분야 등을 우선으로 소비자 정보를 디지털 형태로 제공하도록 관련 법률들을 개정하였으며 2014년에는 공공 분야 데이터의 디지털 제공을 의무화하였다. 이에 따라 고객은 자신의 거래 내역을 미데이터 파일 형식으로 내려받을 수 있고 내려받은 파일을 가격 비교 사이트Comparison provider에 제출할 수도 있게 되었다. 가격 비교 사이트는 미데이터 파일 안에 있는 데이터를 분석하여 가장 유리한 가격과 거래 조건 등을 고객에게 제공한다.

또한 영국은 유럽연합의 PSD2 시행에 자극받아 2018년 1월 세계 최초로 오픈뱅킹을 시행하였다. 적용 대상 은행은 오픈 표준화된 전송 시스템API 표준안에 따라 조회형 표준화된 전송 시스템API(데이터 조회와 전송)과 실행형 표준화된 전송 시스템API(지급 결제·송금) 기준을 의무적으로 준수해야 한다. 그리고 고객이 요청하면 제삼자에게 거래기록과 잔액 등의 계좌 정보나 가격과 수수료 등 상품 정보도 전송해야 한다. 이로써 고객은 여러 은행에 흩어져 있는 계좌 정보를 한눈에 볼 수 있고 본인에게 가장 적합한 금융상품들을 쉽게 찾아 비교할 수 있게 되었다. 영국은 유럽연합의 PSD2와는 다르게 적용 대상을 일부 은행으로만 한정하였으나 데이터 전송 방식을 표준화된 전송 시스템API로 의무화하여 표준화한 것이 특징이다.

영국의 대표적 마이데이터 기업으로는 디지미Digi.me를 꼽을 수 있다. 디지미는 2009년 영국에서 설립되었는데 개인정보를 단일 플랫폼에서 수집하고 관리하며 활용할 수 있도록 하는 개인 데이터 저장소PDS, Personal Data Storage 사업자이다. 이외에도 클라우드 방식의 플랫폼 기업인 마이덱스Mydex, 개인 데이터 동의 내역과 사용조건을 관리하는 클라우드 서비스 앱인 코지Cozy, 블록체인을 기반으로 한 스마트 지갑 서비스 기업인 조로콤Jolocom 등이 있다.

미국은 민관협력 차원의 데이터를 공시했다

미국은 유럽연합의 일반 개인정보보호 규정GDPR과 같은 연방정부 차원의 개인정보보호법을 가지고 있지 않다. 통상 주 정부별로 관리 권한이 있는 개인정보에 대해 마이데이터 추진이 어려운 환경이다. 따라서 미국은 연방정부에서 관리하는 개인정보부터 데이터 개방을 추진하였다. 2011년부터 연방정부 주도하에 스마트 공개정책Smart Disclosure Policy을 시행하였다. 이 제도는 소비자들이 개인정보에 접근할 수 있도록 보장하고 표준화된 데이터를 컴퓨터 포맷에 맞추어 제공해줌으로써 구매 결정을 돕는 것이다.

미국의 스마트 공개정책으로는 블루 버튼(의료), 그린 버튼(에너지), 마이 스튜던트 버튼(교육) 등의 버튼 시리즈가 있다. 블루 버튼은 웹 사이트에 '파란색 버튼'을 클릭하면 개인 건강 데이터를 내려받을 수 있도록 하였다. 개인의 의료기록 접근권을 기반으로 소비자들이 정보를 요청하면 해당 기관에서 정보를 제공해야 하며 본인의 건강정보를 다른 서비스 제공자에게 줄 수도 있다. 필요할 때마다 본인의 건강기록을 수시로 내려받을 수 있고 소비자가 원하면 보훈처, 헬스케어 기업, 건강보험 회사 등에서도 다운로드가 가능하다. 2010년부터 퇴역군인이나 공무원들이 많이 사용하고 있다.

그린 버튼은 프라이버시를 보장받으면서 에너지 절약과 요금을 줄이는 목적에서 시작되었다. 소비자가 전기, 가스, 수도 사용량을 온라인을 통해 확인하고 원한다면 사용량 데이터를 제삼자에게 제공하여 부가가치 서비스를 얻도록 하였다. 예를 들어 제삼자 기업들은 제공된 데이터를 활용하여 에너지 소비 패턴을 분석하고 이를 다시 소비자들에게 제공하면 관련 내용을 확인하여 자기 집 등의 에너지를 절감할 수 있다.[27]

이외에도 자신과 관련된 교육정보를 스스로 관리하기 위해 운용되는 마이 스튜던트 버튼도 있다. 교육정보나 교육비 대출 정보 사이트에서 학생과 부모가 데이터를 열람하고 내려받을 수 있다. 데이터를 내려받아 학습 양식을 만들거나 장학금 찾기나 대출 상환 등에 활용된다.

미국은 민간 영역에서 자율적인 데이터 공유와 거래가 활발하게 이루어지고 있다. 정부 차원에서 개인 금융 데이터를 제삼자와 공유하도록 의무화하는 별도의 정책은 도입하지 않았다. 하지만 2018년 일부 대형은행과 핀테크 회사들이 민간단체를 설립하고 오픈 표준화된 전송 시스템API 표준안을 개발하여 금융 데이터를 공유하고 있다.[28]

공공데이터 사업에 참여한 기업들이 사용자에게 혜택을 제공하고 민관협력으로 표준화된 전송 시스템API을 개발하는 등 활발한 움직임에 힘입어 미국에서는 다른 국가들에 비해 데이터 거래가 활성화되어 있다. 미국의 데이터 거래는 주로 데이터 브로커 회사에 의해 운영되고 있는데 공공기록, 개인별 소셜미디어, 구매 내역 등을 프로파일링한 데이터들이 온라인에서 거래되고 있다.

다양한 개인정보를 결합하여 자산관리 서비스를 제공하는 마이데이터 사업도 발전하고 있다. 금융 분야의 대표적인 서비스 기업으로 민트Mint가 있다. 여러 금융사에 흩어져 있는 금융정보를 모아 관리할 수 있게 하는 개인자산관리 플랫폼 서비스이다. 요들리Yodlee도 데이터 플랫폼과 오픈 표준화된 전송 시스템API을 통한 인에이블러enabler 사업에서 두각을 나타내고 있다.

일본은 정보은행을 통해 마이데이터를 장려했다

일본은 정보은행을 통해 마이데이터를 장려하고 있다. 일본은 아직 정보이동권에 대해 법제화가 되어 있지 않다. 하지만 일본은 2018년 '정보 신탁 기능의 인정에 관한 초안'을 발표하여 마이데이터 산업과 유사한 정보은행 산업을 장려하고 있다. 정보은행은 '정보 이용 신용 은행' 제도의 줄임말로 개인 데이터 활용 계약 등에 따라 개인정보저장소 시스템을 통해 개인 데이터를 관리하고 있다. 개인이 직접 자기 정보결정권을 행사하기보다 신뢰할 수 있는 사업자에게 위탁하는 대리 관리 모델이다. 즉 개인이 정한 조건에 따라 대리인이 개인 대신 타당성을 판단한 후 데이터를 제삼자 사업자에게 제공하는 비즈니스 모델이다.

2017년 정보은행 초창기에는 신탁은행 등 금융기관을 중심으로 사업을 추진하였으나 최근에는 정보통신, 마케팅, 화학, 여행, 방송 등 다양한 분야에서도 정보은행 사업진출을 준비하고 있다. 일본도 개인 데이터 유통체계인 정보은행의 원활한 운영을 위해 유럽연합의 일반 개인정보보호 규정GDPR에서 표명한 데이터 이동권을 참고하여 법제화를 검토 중이라고 한다.

참고로 중국도 살펴보자. 중국은 데이터 보호 체계와 관련하여 아직 통일된 법적 틀이 부족한 상황이었으나 최근 정보 주체의 권리가 강화된 개인정보보호법을 제정하여 시행하고 있다. 개인정보의 이동권, 처리 제한 및 거부권, 삭제권을 포함하여 기업들이 데이터를 활용할 때는 처리 목적 및 방법 등을 데이터 주체에게 알려야 하는 등 유럽연합의 개인정보보호 규정GDPR과 유사한 내용이 담겨 있다. 그동안 중국은 빅데이터 수집 등에 있어 다른 나라에 비해 개인정보보호가 엄격하지 않았으나 하위법 등을 추가로 보완하여 소비자들의 데이터 주권을 더욱 강화할 것으로 보인다.[29] 중국 기업들의 경우 이미 플랫폼 기업을 중심으로 이업종 간 다양한 데이터들이 빅데이터로 수집되고 활용되고 있다. 정부 차원에서 별도의 마이데이터 산업 육성에 관한 관심은 적은 편이라 할 수 있다.

반면에 한국은 세계에서 가장 광범위한 마이데이터를 시행하고 있다는 평가를 받는다. 전문가들은 이미 마이데이터 관련 제도를 앞서 시행한 다른 나라들이 참여기관들의 이해관계와 시스템 미비 등으로 마이데이터 사업의 최종 목표인 초개인화된 디지털 서비스 제공에는 아직 미진한 상황이라고 진단한다. 유럽은 지나치게 개인정보보호를 하면서 금융상품 정보를 모두 개방하지 않았고, 미국은 마이데이터 사업이 아직 금융권에 적용되지 않았다.

우리나라의 마이데이터 사업은 유럽연합, 영국, 미국 등에 비해 뒤늦게 도입되었으나 그 적용 범위가 훨씬 넓으며 표준화된 전송 시스템API 방식을 통해 안정성을 높였다는 점이 특징이다. 즉 은행을 포함한 전 금융권 정보와 전자상거래, 통신, 세금 정보 등을 표준화된 시스템(표준화된 전송 시스템 방식)으로 수집하여 활용하게 된다. 후발주자로 뛰어들었지만 모든 금융권이 참여하는 마이데이터 서비스를 최초로 시행하는 나라가 되었다. 비록 구미 국가들보다 시작은 늦었더라도 금융 회사들에게 데이터 개방 의무를 부과하여 사업은 빠르게 활성화될 것으로 기대된다.

마이데이터 서비스 FAQ

소비자들이 알아야 할 사항

이 책에서는 금융위에서 발표한 '마이데이터 운용 가이드라인'[30]과 한국데이터산업진흥원에서 제시한 '마이데이터 서비스 안내서'[10]를 참고하여 소비자들이 반드시 알아야 할 권리나 놓치기 쉬운 사항들을 문답식으로 정리해보았다.

Q. 우리나라는 법제도상 아직 데이터 이동권이 보장되지 않고 있다. 그런데 어떻게 마이데이터 서비스는 가능한가?

A. 아직 데이터 이동권이 보장되지 않기 때문에 개인 데이터의 적극적인 공유와 활용이 어렵다. 하지만 마이데이터는 개인정보보호법에서의 개인 데이터 열람권과 신용정보법상 개인신용정보 전송 요구권Right to Data Portability에 근거하여 정보주체인 개인이 본인 데이터의 개방을 요청하면, 기업이 보유한 데이터를 개인(요청자) 또는 개인이 지정한 제삼자에게 표준화된 전송방식으로 개방한다.

Q. 마이데이터 서비스 이용 시 소비자(개인)들이 행사할 수 있는 권리는 어떤 것들이 있을까?

A. 기업이 보유한 내 데이터와 처리 내역을 확인할 수 있는 권

리, 기업이 보유한 내 데이터의 사본을 전자파일로 받을 수 있는 권리, 기업이 개인 데이터를 수집하거나 활용할 때 내가 동의하거나 승인할 권리, 내 데이터를 내가 선택한 서비스로 보낼 수 있는 권리, 기업이 내 데이터를 어떻게 썼는지 확인할 수 있는 권리, 내 데이터를 제공하여 혜택을 받을 수 있는 권리 등이다.

Q. 마이데이터 사업자들이 서비스를 시작하려면 소비자들로부터 사전 동의를 받아야 하는가?

A. 당연히 새로운 동의를 받아야 한다. 마이데이터 사업자가 허가받기 전 수집한 개인정보를 허가 이후에도 활용하기 위해서는 수집 당시에 동의를 받은 수집 목적에 마이데이터 업무에 활용하는 것이 포함되어 있어야 활용할 수 있다. 그렇지 않을 때는 다시 새로운 동의를 받아야 한다.

Q. 고객이 정보 제공자에게 전송 요구를 할 경우 중요하게 알아야 할 사항은 무엇이 있는가?

A. 고객은 자신의 개인신용정보를 본인 앞으로, 마이데이터 사업자 앞으로, 마이데이터 사업자 외 다른 금융기관 등으로 전송하여 줄 것을 정보 제공자에게 요구할 수 있다. 이 경우 고객은 정보 제공자(전송 요구를 받는 자), 전송을 요구하는 개인신용정보, 전송요구에 따라 개인신용정보를 제공받는 자, 정기적인 전송을 요구하는지 여부 및 요구하는 경우 그 주기,

전송요구의 종료 시점(최대 1년), 전송을 요구하는 목적, 전송을 요구하는 개인신용정보의 보유기간을 특정하여 정보 제공자에게 전송을 요구할 수 있다. 아울러 정기적으로 전송을 요청하거나 전송 요구를 철회 또는 중단할 권리도 가지고 있다.

Q. 소비자가 요청한 데이터는 어느 기간까지 보관되는지?

A. 전송을 요구하는 개인신용정보의 보유기간은 마이데이터 사업자는 서비스 종료 시 또는 삭제 요구 시까지, 마이데이터 사업자 외 다른 금융기관 등은 정보 주체가 정보수신자가 수집·이용하는 것에 동의한 보유기간까지 보관해야 한다.

Q. 금융 분야 마이데이터 사업에서 소비자들을 위한 보호장치는 무엇이 있는가?

A. 소비자 권리 보호를 위해 마이데이터 사업자들은 먼저 명확한 동의를 위해 시각화와 쉬운 용어 사용 등을 통해 알고 하는 동의를 구현하고 소비자들에게 자유로운 동의, 거부, 철회를 허용해야 한다. 그리고 정보보호 강화를 위해 서비스 탈퇴를 쉽게 할 수 있도록 하고 탈퇴 시 플랫폼에 저장된 정보를 완전히 삭제해야 한다. 또한 사업자들은 마이데이터 중복 가입에 따른 개인 신용정보 오남용 가능성 등을 감안하여 소비자에게 서비스 가입 전 반드시 마이데이터 서비스 이용 숙려사항을 안내하여야 한다. 예를 들어 '무분별한 마이데이터 서비스 가입은 소중한 내 정보의 과도한 전송 및 집적을 초래할

니다.' 같은 주의 문구를 소비자들에게 안내해야 한다. 제공할 특화 서비스에 대한 설명(예시: 본 기관은 보험 분야에 최적화된 마이데이터 서비스를 제공합니다)도 확인할 수 있도록 화면을 제공하여야 한다. 과당 경쟁 방지를 위해 경제적 가치가 3만원을 초과하는 금전, 편익, 물품 등을 제공하는 과도한 마케팅은 금지된다. 보안관리는 물리적·기술적·관리적 보안 사항을 준수하고 보안 취약 점검 및 기능 적합성 심사를 의무화해야 한다.

Q. 개인정보 유출 우려에 대한 방지대책은 무엇이 있는가?

A. 금융당국은 마이데이터 사업 영위에 따른 개인신용정보 유출 위험을 막기 위해 고객의 인증정보를 직접 저장하거나 활용하지 않도록 했다. 대신 아이디와 패스워드 등 인증정보를 암호화한 토큰Token으로 전환하여 주기적으로 변경하고 삭제토록 하였다. 그리고 정보 주체 스스로가 필요한 정보만을 요구하여 필요 이상으로 정보를 수집하는 것을 사전적으로 방지하도록 하였다. 또한 정보보안 기술을 적용한 표준화된 전송 시스템API 방식을 이용하여 보안성을 강화하였다. 이외에도 정보 유출 사태에 대비한 배상책임보험 가입을 의무화하고 마이데이터 사업자의 개인신용정보 활용과 관리 실태에 대한 상시적 평가체계를 구축하기로 하였다.

Q. 미성년자들도 마이데이터 서비스를 신청하여 활용할 수 있

는가?

A. 당분간은 만 14세 이상 19세 미만 청소년들은 마이데이터 시행 전보다 받을 수 있는 금융 서비스가 축소될 것으로 보인다. 청소년들은 법정대리인의 동의를 받아야만 마이데이터 서비스를 이용할 수 있고 동의를 받더라도 조회·분석 업무 외 상품추천 서비스 등 마케팅 이용이 불가하다.

마이데이터 사업이 궁금하다(금융 분야 중심으로)

Q. 마이데이터 사업자가 지켜야 할 의무사항은 무엇인가?

A. 마이데이터 사업자는 고객의 개인정보 자기 결정권 행사를 최대한 보장함을 원칙으로 하며 고객의 이익을 최대한 존중하여야 한다. 이를 위해 고객과 이해 상충 방지, 개인신용정보 수집·처리의 기록과 보관, 개인신용정보 관리체계의 구성 및 운영 절차 등의 내부 관리 규정을 마련해야 한다.

Q. 마이데이터 사업자는 어떠한 자격을 갖추어야 하나?

A. 마이데이터 사업자는 개인신용정보를 대량으로 집적하는 산업 특성상 엄격한 보안체계를 갖추도록 하고 고객을 이해 상충으로부터 보호하는 절차 등이 필요하여 허가제로 운영하고 있다. 마이데이터 사업자로 허가받기 위해서는 자본금, 물적 시설, 사업계획성, 대주주 적격성, 임원 적격성, 전문성 등 금

마이데이터 사업자 주요 허가요건

구분	주요 내용
자본금 요건	최소 자본금 5억 원 이상
물적 시설	해킹 방지와 망 분리 수행 등을 위한 충분한 보안시설
사업계획의 타당성	서비스 경쟁력 혁신성, 소비자보호체계 마련 등
대주주 적격성	충분한 출자 능력, 건전한 재무 상태
임원 적격성	신청인의 임원에 대한 벌금이나 제재 사실 여부 등
전문성 요건	데이터 처리 경험 등 데이터 산업 이해도

(출처: 금융위원회 보도자료, 2020)[31]

융위원회의가 정한 요건을 충족하여야 한다.

Q. 금융 분야 마이데이터 서비스는 어떤 절차에 따라 운영되는가?

A. 금융 분야 마이데이터 생태계의 참여 주체는 크게 고객, 마이데이터 사업자, 정보 제공자, 중계기관으로 구성되어 있다. 고객은 해당 신용정보의 주체를 말한다. 마이데이터 사업자는 금융위원회로부터 허가를 받은 본인 신용정보관리 회사이다. 정보 제공자는 본인 신용정보 전송 요구를 받은 금융 회사 등을 말한다. 중계기관은 고객의 개인신용정보를 중계하는 기관으로 금융결제원이나 신용정보원 등이 해당한다. 고객은 본인의 개인신용정보를 본인 동의를 통해 마이데이터 사업자에게 수집하게 하여 서비스를 받게 된다. 정보 제공과 수집 간의 데이터 흐름은 표준화된 전송 시스템API 규격과 본인 인증 방식을 준수하여 수행되어야 한다.

마이데이터 생태계와 참여 주체

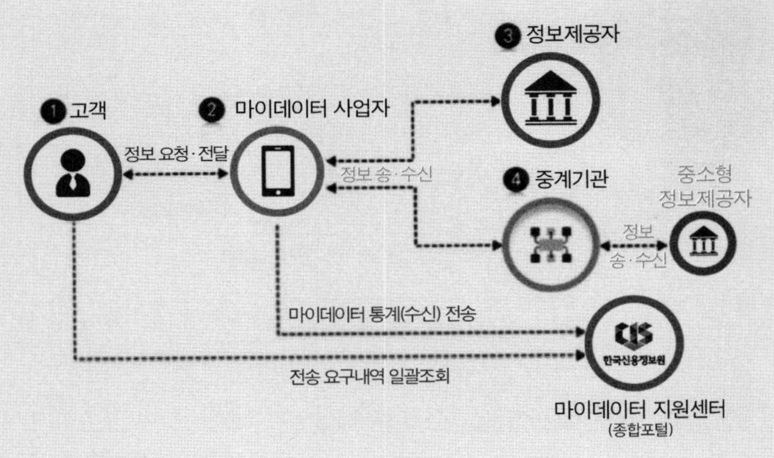

(출처: 금융위원회, 2021)[30]

Q. 마이데이터 사업에는 어떠한 기업들이 허가를 받았는가?

A. 2021년 11월 말 기준으로 총 53개 기업이 마이데이터 사업자로 최종 허가를 받았다. 업종별로 보면 금융 관련 31개(은행 10, 카드 7, 캐피털 2, 보험 2, 금융투자 6, 상호금융 1, 저축 은행 1, 신용평가회사 2) 회사와 비금융사 22개(빅테크 2, 핀테크 19, IT 1) 기업이다. 그 외 10여 개 이상의 기업이 예비허가를 거쳐 본허가를 대기 중이다. 최근에는 사업 신청이 매월 말 신청하는 방식으로 변경되어 금융 회사와 핀테크 기업 등 다수의 기업들이 마이데이터 사업자 신청을 하고 있다.

Q. 금융 분야 마이데이터 사업에서 구체적으로 어떤 정보들이 오가는가?

금융 분야 마이데이터 사업자 현황

구분	주요 내용	회사명
금융 관련 기업 (31)	은행(10)	국민, 농협, 신한, 우리, 기업, 하나, SC, 광주, 대구, 전북
	보험(2)	KB손보, 교보생명
	금융투자 (6)	키움, 하나금융투자, NH투자증권. 미래에셋, 한투증권, KB
	카드(7)	국민, 신한, 하나, BC, 현대, 우리, 롯데
	캐피털(2)	KB, 현대
	상호금융(1)	농협중앙회
	저축은행(1)	웰컴
	신용평가 (2)	나이스평가정보, KCB
비금융 기업 (22)	빅테크(2)	네이버파이낸셜, 카카오페이
	핀테크(19)	뱅크샐러드, 핀크, 쿠콘, 토스, NHN페이코, 보맵, 팀윙크, 민앤지, SK플래닛, 뱅큐, 핀다, 해빗팩토리, 디셈버앤컴퍼니자산운용, 핀테크, 한국금융솔루션, 한국신용데이터, 유비벨록스, 아이지넷, 에프앤가이드
	IT(1)	LG CNS

(출처: 금융위원회, 2021[18], 자료를 참고하여 재정리)

A. 대상이 되는 정보는 업권 간 이견 조율 등을 거쳐 소비자의 조회 빈도가 높은 대부분의 금융권 정보가 포함되었다. 구체적으로 보면 **은행**(예·적금 계좌잔액 및 거래내역, 대출잔액·금리 및 상환정보 등), **보험**(주계약·특약사항, 보험료납입내역, 약관대출 잔액·금리 등), **금융투자**(주식 매입금액·보유수량·평가금액, 펀드 투자원금·잔액 등), **카드**(카드결제내역, 청구금액, 포인트 현황, 현금 서비스 및 카드론 내역), **전자금융**(선불충전금 잔액·결제내역, 13개 범주화된 주문내역 등), **통신**(통신료 납부·청구내역, 소액결제 이용

내역 등), **공공 분야**(국세·관세·지방세 납세증명, 국민·공무원 연금 보험료 납부내역 등)의 정보들이 제공 대상이다.

당초 업권 간 이견이 있었던 은행계좌적요, 보험 보장내역, 카드 가맹점 정보 등도 소비자보호 장치를 전제로 대상 정보에 포함되었다. 최근에는 온라인투자연계금융(P2P) 업권이 보유한 대출정보, 인수 및 특수채권, 금전대부 정보도 추가되었다. 시스템 개발 부담이 컸거나 최근 제도변경이 있었던 계약자-피보험자가 다른 보험, ISA, 일부 퇴직연금(DB·DC) 등은 관련 업권 협의 등을 거쳐 최대한 빨리 제공될 수 있도록 추진할 예정으로 알려졌다. 대부분의 제도권 금융 회사는 2022년 1월부터 정보를 제공하고 있으며 국세청·행안부·관세청, 공무원연금공단, 건강보험공단, 국민연금공단 정보는 2022년 상반기 중으로 제공될 예정이다.

Q. 마이데이터 사업에서 표준화된 전송 시스템API 방식이 소비자들에게 좋은 이유는 무엇인가?

A. 금융 분야 마이데이터 사업에서는 2021년 1월부터는 기존 스크래핑 방식은 금지되며 표준화된 전송 시스템API 방식을 이용해야 한다. 표준화된 전송 시스템API 방식은 미리 정한 통신 규칙에 따라 고객정보를 수집하는 대상, 이용기간, 접근 범위 제한 등의 관리가 가능하며 고객의 인증정보(ID,PW) 대신 허용권한증표인 토큰Token을 사용하기 때문에 정보보호 및 보안 측면에서 스크래핑 방식보다 뛰어나다. 소비자들의

경우에도 마이데이터 이용 시마다 각 금융사의 아이디나 비밀번호를 일일이 입력하는 불편이 없어진다.

Q. 마이데이터 사업자가 정보 전송을 위해 구축한 각사의 오픈 표준화된 전송 시스템API은 무료 서비스인가?

A. 마이데이터 사업자의 정기적 정보 전송에 대해서는 실비 개념의 과금 산정이 가능하지만 산업 활성화 차원에서 1년간 과금이 유예된다.

Q. 전송요구권 행사 시 전송의무가 있는 모든 정보를 실시간으로 전송하여야 하는가?

A. 정보 주체의 요청 시 조회 시점으로부터 5년까지의 데이터를 즉시 전송하여야 한다.

Q. 전산시스템 장애가 발생하여 전송에 문제가 발생했다면 어떻게 처리해야 하는가?

A. 전송이 지연된 사실과 그 사유를 고객에게 통지하고 그 사유가 해소된 즉시 개인신용정보를 전송해야 한다.

Q. 전송요구권에 의하여 정보를 전송받은 정보수신자는 전송받은 신용정보 내역에 관한 기록을 고객에게 연 1회 이상 통지해야 하는가?

A. 마이데이터 사업자는 고객에게 연 1회 이상 통지의무가 있으

나 마이데이터 사업자가 아닌 정보수신자는 통지의무가 없다.

Q. 마이데이터 사업자가 제3자 채널에서 마이데이터 서비스를 제공하는 것이 가능한가?

A. IT 설비 위탁 등의 형태로 제3자가 운영하는 서비스 채널만을 이용한 서비스 수행은 불가하다. 마이데이터 사업자는 홈페이지나 어플리케이션 등 고객이 접근할 수 있는 고유 서비스 채널을 운영해야 한다.

Q. 마이데이터 사업자가 아닌 자는 개인신용정보의 통합조회 서비스 제공이 불가능한지?

A. 마이데이터 사업자와 제휴를 통해 자신의 서비스 채널에서 마이데이터 사업자가 제공하는 개인신용정보 통합조회 화면을 보여줄 수 있다.

Q. 마이데이터 사업을 통해 취득한 신용정보를 본래 영위하는 업무의 마케팅 목적으로 활용 가능한가?

A. 정보 주체로부터 마케팅 목적을 위한 개인신용정보 활용에 대해 별도의 동의를 명확히 받은 경우에만 가능하다.

2장

마이데이터 비즈니스의 미래는 무엇인가

금융의 생태계가 확 바뀐다

은행과 카드사는 마이데이터 플랫폼 비즈니스를 한다

2021년 11월 기준 총 53개 마이데이터 사업자가 허가를 받았다. 사전 적격 테스트를 거친 37개 이상 기업이 2022년 1월부터 표준화된 전송 시스템API 방식으로 마이데이터 서비스를 시행하고 있다. 그 외 마이데이터 사업자들도 관련된 시스템과 앱 개발을 거쳐 2022년 상반기 중에는 대부분 참여할 것으로 보인다. 마이데이터 사업에 주로 참여하는 금융 회사, 빅테크 기업, 핀테크 기업들은 사업 초기 고객을 끌어모으기 위해 다양한 이벤트를 하고 주도권 확보에 안간힘을 쏟고 있다.

사업자들이 초기 고객 모집에 사활을 거는 이유는 '고객 수'가 마이데이터 서비스 품질을 좌우하기 때문이다. 고객 수가 충분히 확보되지 않는다면 마이데이터 분석의 정교함이 떨어지고 결국 서비스 품질이 떨어질 수밖에 없기 때문이다. 이번 장에서는 마이데이터 사업 시행에 따라 금융 회사, 빅테크 기업, 핀테크 기업이 어떤 사업 기회를 겨냥하는지와 이를 포착하기 위한 전략들을 업종별로 나누어 살펴보도록 한다.

먼저 은행을 살펴보면 개인자산관리 정교화와 함께 종합금융 플랫폼 구축에 주력하고 있다. 대규모 고객정보를 보유한 은행권은 핵심 경쟁력으로 꼽히는 '종합자산관리' 서비스를 더욱 고도화하고 있다. 현재에도 금융권이 가지고 있던 신용과 결제정보 등을 활용하여 개인의 자산관리나 소비지출관리 서비스를 제공하고 있으나 만족할 만한 수준은 아니다. 하지만 마이데이터 사업을 계기로 금융정보에 인터넷 쇼핑 내역, 통신, 세금 등 다양한 비금융정보도 활용할 수 있게 되어 정교함이 더욱 높아졌다.

시중은행들은 주로 다음의 세 가지 영역에서 서비스를 제공한다. 우선 자산관리 분야로 고객이 보유한 여러 금융상품을 포함하여 자동차와 부동산 등의 실물자산까지 분석하여 편리하게 관리할 수 있게 한다. 둘째, 지출관리 분야는 소비 내역을 한눈에 알아보도록 하고 목표한 예산 대비 적정 수준의 소비를 했는지 확인하도록 한다. 또래 연령대층과 비교하여 소비 수준이 어느 정도이고 가장 많이 소비한 항목이 무엇인지 알려주고 잔액 예측 서비스를 통해 연체를 사전에 방지할 수 있게 도와준다. 예·적금, 대출 만기일, 카드결제일 등을 캘린더 형식으로 간편하게 보여주기도 한다. 마지막으로 목표관리와 추천 서비스는 자산 현황과 소비 데이터를 바탕으로 고객의 일상생활 스타일에 맞는 목표를 제안하고 저축과 재테크 등 최적의 금융상품을 추천한다. 이외에도 내 자산의 현황, 투자 수익률, 카드결제 예정 금액, 주간 단위 소비 현황 등 자산과 소비 내용에 대해 읽기 쉽도록 맞춤화된 간편 보고서를 제공해준다. 이렇듯 자산관리 서비스는 고객의 자산과 소비에 대해 누가 더 잘 진단하고 제안하는지와 목표관리 등을 어떻게 잘 가이드를 하는지에 달려 있다. 은행들은 이러한 기능을 더욱 강화할 것으로 보인다.

은행들은 자사만의 강점을 활용한 차별화 서비스 개발에 승부를 걸고 있다. 예를 들어 계열사에 유통 자회사가 있는 은행은 범 그룹적 유통 데이터를 활용하여 더욱 밀착된 생활 및 금융 서비스를 제공을 준비하고 있으며 정부 지원 혜택, 연말정산 컨설팅 등의 서비스도 부가하고 있다. 부동산이나 캐피털에 강점이 있는 은행들은 부동산 정보와 계열사 캐피털 정보 등을 결합하여 부동산 시세 조회 및 추천, 자동차 관리 등의 일상생활과 연계된 서비스를 제공할 계획이다. 예·적금 등 금융자산뿐 아니라 미술작품이나 한정 소장품 같은 개인 자산도 데이터로 만들려는 은행도 있다. 모두 다양한 일상생활 서비스를 통해 고객에게 더 꼭 맞는 상품과 서비스를 제안하여 고객 소구력을 확충하고 자사나 계열사의 상품을 판매할 목적이다.

은행권은 대안 신용평가를 통해 신용대출 시장 확대에도 관심을 두고 있다. 그동안 금융 이력이 부족해 일명 신파일러로 분류되는 주부, 청년, 자영업자 등은 대출을 받기 어렵거나 금리가 높은 상품을 이용할 수밖에 없었다. 하지만 쇼핑, 통신, 세금 등 다양한 비금융정보까지 반영하는 신용평가 시스템을 활용한다면 이들도 신용도를 부여받아 지금보다 더 낮은 금리로 대출을 받을 수 있다.

마이데이터 사업의 핵심은 플랫폼이다. 다양한 금융과 비금융정보를 하나의 모바일 앱에 모아 서비스를 제공해야 하기 때문이다. 따라서 은행들은 금융과 비금융을 아우르는 종합금융 플랫폼 구축을 마이데이터 사업의 중요한 지향점으로 삼고 있다. 그동안은 금융정보에만 국한해서 서비스가 제공되어 플랫폼의 기능이 다소 취약했으나 쇼핑, 통신, 세금 등 다양한 일상생활 정보의 수집으로 종합금융 플랫폼 구축이 가능해졌기 때문이다.

은행들은 다양한 비금융 업체들과 제휴하여 생활밀접형 서비스(모바일 쿠폰 구입, 부동산 정보, 페이, 교통카드 등)를 확충하고 자사 앱의 사용자 인터페이스UI와 사용자 경험UX을 개선하여 MZ세대에 다가갈 수 있도록 애쓰고 있다. 또한 데이터와 플랫폼 경쟁력이 우수한 빅테크 기업들과 경쟁을 위해 통신이나 유통 대기업들과도 '데이터 동맹'을 맺고 음식, 꽃, 편의점 주문 등 배달업에도 참여하는 등 고객이 매일 접속할 수 있는 플랫폼이 되기 위해 다양한 기능을 결합하고 있다. 아울러 개인정보 유출에 대한 소비자들의 우려를 고려하여 은행권은 그동안 쌓아왔던 안전성과 신뢰성을 크게 부각하여 경쟁력을 가져갈 것으로 보인다.[1]

카드 업계도 친근한 일상 금융 플랫폼으로 확장하는 것을 모색 중이다. 카드 업계는 소비자들의 다양한 소비 패턴과 함께 가맹점 정보까지 알 수 있는 방대한 소비 데이터를 보유하고 있다. 전문가들은 카드사들이 보유한 지급 결제정보에 자산, 소득, 신용정보 데

은행들의 마이데이터 주요 전략(예시)

주요 전략	주요 서비스	세부 전략 및 서비스
자산관리 서비스 고도화	자산관리 소비지출관리 목표관리 및 추천	금융 및 실물자산까지 분석관리 소비 내역 파악과 예산관리, 캘린더 안내 저축·재테크·대출 추천, 금융컨설팅
은행별 서비스 특화	유통계열사와 시너지, 정부 지원금 추천, 연말정산 컨설팅 부동산 시세 조회 및 추천, 자동차 관리 환테크, 맞춤 일자리 정보, 데이터 상품 판매	
생활금융플랫폼 구축	일상생활 서비스	표준화된 전송 시스템API 개방, 핀테크 제휴, 음식주문 등 중개

(언론보도 및 각사 발표 자료를 종합하여 재정리)

이터까지 더하게 되면 마이데이터 사업에서 두드러진 성과를 낼 것으로 기대하고 있다. 실제로 계속되는 가맹점 수수료 인하정책으로 수익성이 나빠지는 가운데 대부분 카드사가 마이데이터 시장에 속속 뛰어들고 있다.

마이데이터 시행으로 카드 업계는 축적된 데이터 역량을 활용하여 고객에게 가장 필요한 상품이나 혜택을 맞춤형으로 제공할 수 있게 되었다. 아울러 금융기관에 흩어진 자산과 부채, 수입과 지출 정보를 손쉽게 통합 관리할 수 있는 자산관리 서비스도 큰 관심을 보이고 있다. 먼저 자산관리 분야는 금융 회사별 거래 내역, 이용금액, 카드회사별·기간별 카드 청구서 조회 등을 한눈에 확인할 수 있다. 소비 분야도 고객 편의에 초점을 맞춰 업종별·기간별 지출 내역을 조회할 수 있도록 하여 고객이 주도적으로 소비관리를 할 수 있게 하였다. 아울러 소비 스타일을 기반으로 한 맞춤형 혜택과 금융상품을 추천하고 자산 영역별 자문도 받을 수 있도록 서비스를 확충하고 있다. 카드 데이터에 신용 데이터를 결합한 대안 신용 평가도 활성화될 수 있다. 제1금융권 은행들과 연계하여 대출자들의 신용도를 더욱 정교하게 평가할 수 있어 금융 사각지대 해소에 도움을 줄 것으로 보인다.

카드사들도 타 업종에서 따라올 수 없는 영역 중심으로 서비스를 차별화하고 있다. 특히 카드사들은 신용카드 가맹점 정보의 이름뿐만 아니라 사업등록번호를 제공할 수 있게 되어 체계적인 정보 확인이 가능해졌다. 사업자들로부터 가맹점의 매출, 고객 성별과 연령대, 카드사 VIP 여부 등 정교한 소비 패턴을 알 수 있어 맞춤형 카드 서비스가 더욱 활성화될 것으로 보인다. 통신과 교통 등 다른 데이터와 결합하여 가맹점의 상권을 분석해주는 등 프랜차이즈 본사에 종합적인 컨설팅 서비스도 제공할 수 있다. 데이터가 온라인에 편중된 온라인 기반의 빅테크 기업과 비교해 카드 기업이 차별화할 수 있는 부분이다.

아울러 카드 업계의 강점인 다양한 일상생활 서비스와 마이데이터 수집정보를 연계하여 거래 이상 탐지 시스템Fraud Detecting System을 만들어 서비스로 활용할 계획이다. 예를 들어 서울에 사는 고객이 주로 이용하는 지역이 아닌 곳에서 결제하거나 금융거래가 없는 사람에게 입금이 되면 고객에게 알림을 제공하는 서비스이다. 또한 넷플릭스가 소비자들의 취향을 반영한 콘텐츠를 직접 제작하는 것처럼 마이데이터를 통해 전용 카드 상품 등도 개발하고 있다.

카드 업계의 일상생활 금융 플랫폼 강화를 위한 외부 협업도 활발하다. 패션과 여행지 추천, 음식점 예약 서비스, 엔터테인먼트 등

카드 기업들의 마이데이터 주요 전략(예시)

주요 전략	주요 서비스	세부 전략 및 서비스
자산관리 서비스 고도화	자산관리 소비지출관리 추천 서비스	금융 거래 내역과 카드 청구서 한눈에 확인 소비 습관 개선 등 소비관리 지원 맞춤형 카드 혜택, 금융상품 추천, 금융자문
타업종대비 서비스 특화	가맹점 컨설팅 거래이상 탐지 서비스 마이데이터 전용 카드	가맹점 정보 활용 상권 분석 거주지 벗어난 결제정보 알림 제공 소비자 취향을 반영한 맞춤형 카드 개발
일상생활 금융 플랫폼 구축	일상생활 서비스 부가	향후 신용평가, 마이페이먼트사업 진출

(언론 보도 및 각사 발표 자료를 종합하여 재정리)

다양한 비금융 콘텐츠를 자사 앱에 확충하고 있다. 소비자가 앱을 지속적으로 방문하고 오래 머무르도록 만들기 위한 전략이다. 이외에도 카드 기업들은 자동차, 항공, 유통, 통신업체들과 제휴하여 민간 '데이터 댐'을 구축하기도 하였다.

카드 업계는 결제 및 카드 중심의 사업에서 벗어나 회원과 가맹점 데이터를 기반으로 한 종합자산관리(이른바 '돈 버는 소비')를 지향하고 있다.[2] 향후 카드 기업들은 각종 금융·비금융 데이터를 가명으로 처리한 뒤 결합하여 데이터를 판매하는 사업(데이터 전문기관)에 적극적으로 뛰어들 계획이다. 또한 CB사업(신용평가 사업)과 향후 소개할 마이페이먼트 사업에도 참여할 것으로 보인다.

보험은 맞춤형 보장설계와 건강관리 서비스를 한다

보험업계는 마이데이터를 활용하여 맞춤형 보장설계와 헬스케어 플랫폼으로 확장할 기회를 엿보고 있다. 보험업은 다른 금융산업처럼 상품 자체를 빈번하게 가입하거나 고객들과도 자주 접촉할 수 없다는 업의 특성이 있다. 마이데이터 사업은 금융 소비를 사실상 일상생활 플랫폼 속으로 들어오게 하는 것이다. 그런데 보험업은 소비자들과의 접촉이 크지 않고 보험 혜택도 주로 장기에 걸쳐 있어 당장 비즈니스 모델을 찾기가 쉽지 않은 상황이다. 하지만 자동차 정비, 의료, 헬스케어 등 일상생활과 접점에 있어 미래 확장성에서는 다른 금융업종보다 긍정적인 측면이 있다.

마이데이터를 활용한 신용 및 재무 정보의 수집으로 보험 회사들도 자산관리, 소비지출관리 등의 기본적인 개인 자산관리 서비스가 가능해진다. 하지만 보험 회사들이 더욱 주목하는 것은 업의 강점인 보장설계 기능을 더욱 고도화하는 것이다. 실시간으로 확보된 신용정보를 바탕으로 고객의 종합적인 재무 상황을 파악하여 예산에 맞는 보험상품을 추천해줄 수 있다. 또한 투자 및 소비 패턴을 분석하여 더욱 정교하고 최적화된 맞춤형 보장설계를 제안하게 된다. 예를 들어 여행에 소비지출이 많은 고객에게는 레저나 여행보험을 제공하고 은퇴를 앞둔 고객층들에게는 다양한 은퇴 및 건강 설계를 제공한다. 아울러 마이데이터 금융 소비 패턴을 분석해 여행, 주택, 배상책임 등 소액보험 기반의 생활 밀착형 서비스도 제공할 수 있다.

보험금 지급 시 발생하는 건강정보와 타 분야의 정보와 결합하여 새로운 상품 개발도 기대할 수 있다. 신용정보를 활용해 보험료율 개선이나 인수조건 세분화 검토도 가능해진다. 회사들은 이러한 서비스 전략에 각사의 강점을 살려 문화적 역량을 융합하거나 계열사의 장점을 살리는 방향으로 마이데이터 사업을 추진하고 있다.[1장 26]

다른 업종에 비해 보험업의 강점은 자동차 관련 서비스나 헬스케어 서비스로 확장할 수 있다는 것이다. 특히 의료 데이터 활용이 확대되면 보험업계는 헬스케어 업체들과의 협업을 강화할 것으로 보인다. 헬스케어 업체에 수집된 데이터에 보험 가입정보나 카드 사용 내역을 융합하면 건강 상태에 적합한 개인화된 맞춤형 서비스를 제공할 수 있다. 이를 통해 미래에는 건강에 기반한 종합자산 관리를 제공하는 금융·건강 중심의 융복합 서비스 비즈니스 모델로 점차 진화될 전망이다.

보험 회사들 역시 일상생활 속에서 보험이 좀 더 편리하고 손쉽게 활용될 수 있도록 모바일 기반의 마이데이터 플랫폼 구축에 주력하고 다양한 업체와 제휴를 늘려가고 있다. 최근에는 디지털 헬스케어를 자회사로 설립하고 업계 공동으로 플랫폼 기반 기술 협력과 신규 비즈니스 공동 개발을 추진하고 있다. 마이데이터 사업을 신청하지 않은 기업은 시스템 구축 등 비용 대비 효과성 측면에서 마이데이터 사업 참여를 관망하고 있다. 이 기업은 마이데이터 사업 승인을 받은 타 기업과 제휴하거나 신용정보원 등 데이터 중계기관과 제휴를 통해 필요한 이업종 간 데이터를 활용할 것으로 보인다.

금융투자 회사는 다양한 계층으로 서비스를 확장하고 있다

금융투자 회사는 2009년부터 시행된 자본시장통합법을 통해 기존의 증권, 자산운용, 선물, 신탁, 종금업을 통합한 업무를 수행한다. 모든 업종이 그러하듯이 마이데이터 사업을 영위하는 금융 회사은 다른 금융 회사의 고객정보를 알 수 있지만 참여하지 않으면 알 수가 없다. 마이데이터 사업에 뛰어들어야 하는 이유다.[3] 상당한 시스템 구축 비용이 들어가더라도 포기할 수 없는 금광이다.

금융투자 회사는 마이데이터 서비스 도입이 되면 기존 고액 자산가 중심에서 다양한 계층으로 자산관리 서비스를 확대할 수 있다. 그동안 고액 자산가를 대상으로 한 자산관리 서비스가 주 영역이었다면 마이데이터 도입으로 MZ세대나 주린이 등 여러 고객층을 대상으로 자산관리 서비스가 가능하게 되었다. 예를 들면 다른 증권사와 거래 내역, 보험 가입, 카드 사용 현황 등 고객의 전체적인 자산과 투자현황을 보면서 주식과 채권 등 적합한 금융투자 상품을 제안할 수 있다. 또한 마이데이터를 통해 소비자들이 자금을 더욱 효율적으로 관리할 수 있게 되어 수시로 발생하는 자투리 자금을 그대로 방치하지 않고 짧은 기간이라도 투자할 수 있는 틈새 상품개발도 가능하다.

은행, 카드, 보험, 금융투자와 마찬가지로 할부금융 업계에도 마이데이터를 통한 성장의 기회를 엿보고 있다. 이들 업체는 마이데이터를 자동차 금융과 연계하고 있다. 자동차 금융과 다른 업종의

보험 · 금융투자 · 할부금융 회사들의 마이데이터 주요 전략과 서비스(예시)

업종	마이데이터 전략 및 서비스
보험	한곳에서 전 보험상품 관리, 재무 및 건강 상황에 맞는 맞춤형 보장설계와 추천 신규 보험상품 개발, 언더라이팅, 요율 개선 자동차 관련 서비스, 의료 마이데이터 및 헬스케어 서비스 연계
금융투자	MZ세대, 주린이 등 다양한 고객층을 대상으로 자산관리 서비스 자투리 자금을 활용한 틈새 상품 개발 세제 혜택, 투자 습관 개선 지원
캐피탈	자동차 정비 내역을 파악하여 할인 혜택 제공 차량 이동 데이터를 활용하여 주유소 추천 중고차 추천 및 구입 시 할부 서비스
공통	친근한 일상생활 금융 플랫폼 구축, 다양한 핀테크 업체 제휴

(언론보도 및 각사 발표 자료를 종합하여 재정리)

데이터가 연계되면 소비자의 자동차 주유·정비·이동 정보 등을 통해 새로운 금융 서비스를 만들 수 있다. 소비자의 정비 내역을 파악하여 할인 혜택을 제공하거나 이동 데이터를 활용하여 주유소를 추천하는 등의 서비스가 가능하다. 중고차 플랫폼에서도 마이데이터 서비스가 도입되면 소비자 성향을 파악하여 추천하거나 구매 시 할부 등의 서비스를 제공할 수 있다.

빅테크 기업은 종합생활 금융 서비스로 사업 영역을 확장하고 있다

마이데이터 서비스의 본격화로 플랫폼을 기반으로 하는 빅테크 기업들은 금융 서비스 분야에서 더욱 커다란 경쟁력을 확보할 것으로 기대된다. 빅테크 기업 중에는 네이버파이낸셜과 카카오페이가 마이데이터 사업자로 승인받았다.

빅테크 기업들은 그동안 보유하지 못했던 은행, 카드, 보험, 증권 등 다양한 금융정보를 활용하여 통합조회 자산관리 서비스를 제공할 수 있게 되었다. 또한 부동산, 증권, 자동차, 쇼핑, 리뷰 등 자사 서비스들과 금융 데이터를 연결하여 다양한 매물을 추천하고 세무 상담까지 해주는 등 새로운 서비스 모델을 개발할 수 있다. 특히 빅테크 기업들은 MZ세대들을 중심으로 소액 자산보유자에게 집중할 것으로 보인다.[4] 결제하면 잔돈이 자동으로 투자되는 '동전 모으기' 서비스 등 당연히 재미와 편의에 중점을 두고 서비스들을 출시할 것이다.

네이버파이낸셜은 마이데이터 서비스를 통해 데이터를 모아서 보여주고 연결하여 일상생활 속에서 다양한 시너지를 내는 데 주력한다. 네이버 내 자산 정보에 차량번호를 등록하면 자동차세 납부일, 보증 기간, 엔진 오일 및 타이어 교체 시기, 리콜 정보 등을 안내받을 수 있다. 네이버 캘린더를 통해 자동차 보험의 만기일도 사전에 알려준다. 차량을 구매할 때도 신차나 중고차 가격 그리고 할부 패키지 등 소비자에게 꼭 맞는 맞춤형 서비스를 안내한다. 또한 네이버 부동산 지도 서비스와 마이데이터를 연결하여 고객의 재무 상황에 맞는 매물도 추천해준다. 이때 정부 지원 자금 정보도 제공하고 필요한 주택담보대출 상품까지도 추천해줄 수 있다.[5]

카카오페이도 공동체 데이터와 시너지를 낼 듯하다. 마이데이터 사업을 통해 모든 금융 생활을 카카오페이 안에서 이루어지도록 하고 인공지능 기반 맞춤형 솔루션을 제공하는 것을 목표로 하고 있다. 마이데이터 등을 연결하여 협력 기업들의 금융상품과 서비스를 제공하고 자체 신용평가 시스템을 기반으로 신용도가 낮은 사람이나 금융 이력이 부족한 사람을 대상으로 한 대출 비즈니스도 추진하고 있다. 카카오페이는 특히 자체 데이터와 카카오공동체 데이터(카카오 모빌리티 등)를 결합하여 빅데이터 분석에 기반한 맞춤형 컨설팅을 통해 다른 마이데이터 사업자들과 차별화를 시도하고 있다.[6]

네이버파이낸셜과 카카오페이는 통합금융조회, 자산관리 서비스 업무 외에도 향후 당국의 승인을 얻을 경우 데이터 컨설팅, 재무·신용 관리, 지급지시 결제 등 다양한 부수 업무를 영위할 수 있다. 또한 겸영 업무로 투자자문과 투자일임 등 금융상품 자문업도 가능할 수 있다. 빅테크 기업들이 자회사를 통해 금융 서비스 영역에 한발 다가선 것이다.

2021년 9월 금융소비자보호법 발효를 계기로 빅테크와 핀테크 기업들이 제공해온 일부 금융 서비스가 제동이 걸리기 시작했다. 금융당국은 빅테크 기업들이 자사 앱에서 통장을 개설하거나 플랫폼 내에서 보험계약 절차를 진행하고 상담 과정에서 플랫폼이 개입하는 행위 등이 금융상품 판매 및 중개 행위에 해당한다고 판단한 것이다. 금융소비자보호법 상의 금융상품 판매·대리중개업을 하기 위해서는 중개업 허가를 획득해야 한다. 이러한 규제는 마이데이터 서비스의 핵심 기능인 금융상품의 비교·추천에도 영향을 미치고 있다. 마이데이터 사업자가 금융상품의 비교·추천 서비스를 위해서는 중개업 허가를 획득해야 하는데 현행법상 전자금융업자는 보험중개업과 투자중개업을 할 수가 없다. 하지만 금융당국은 마이데이터 사업 활성화를 위해 가까운 시일 내 금융 소비자보호법 등 관련 법률과 규정을 보완할 계획을 내비치고 있다. 사업 초기 규제장벽의 걸림돌이 어느 정도 해소됨으로써 향후 마이데이터 사업 발전에 큰 영향은 없을 것으로 보인다.

핀테크 기업은 마이데이터 특화영역 구축에 나서고 있다

핀테크 기업은 마이데이터 도입 이전부터 스크린 스크래핑 기술을 기반으로 보험, 대출, 카드 등 특정 금융 서비스를 제공해왔다. 마이데이터 도입으로 핀테크 기업은 금융 분야 데이터 확보가 더 쉬워졌다. 핀테크 업체들은 혁신적 금융기술을 통해 더 많은 데이터를 분석하여 고객의 요구를 더 잘 이해하고 예측할 수 있게 되었다. 덕분에 더 다양한 금융상품과 서비스를 비교하여 제공함으로써 소비자들은 더욱 넓은 선택의 폭을 가지게 됐다. 더군다나 스크래핑 방식과 같은 과거 데이터가 아닌 표준화된 전송 시스템API 방식을 통해 실시간으로 데이터가 연동되어 서비스의 정확도도 대폭 향상될 수 있다.

개인 맞춤 카드추천을 기반으로 하는 뱅크샐러드를 예로 들어보자. 뱅크샐러드는 2014년부터 가계부 기능과 개인 맞춤 카드추천의 웹 기반 서비스를 시작했다. 주로 공인인증서 연동의 통합자산조회, 소비와 지출관리를 위한 금융비서, 자동 가계부, 신용점수 조회 및 맞춤형 카드추천 등의 서비스를 제공하고 있다. 현재 주요 수익 모델은 신용카드 발급 수수료와 광고 수입이다. 뱅크샐러드는 마이데이터 시행을 통해 금융과 비금융 데이터들을 연계하여 일상생활을 포함하는 신규 서비스들을 계속 출시하고 있다. 또한 통신, 쇼핑, 보험 등 다각도의 개인정보를 결합하여 새로운 신용평가를 제안하고 소상공인을 위한 대안 신용평가 혁신 모델에도 큰 관심이 있는 것으로 알려졌다.[7] 뱅크샐러드는 마이데이터를 계기로 금융 데이터 허브 사업자를 목표로 하고 있다.

토스는 2105년부터 비바리퍼블리카가 운영하는 금융 서비스 플랫폼이다. 간편송금 서비스로 시작했는데 사용자 2,000만 명을 보유한 기업가치 1조 원이 넘는 비상장 스타트업 유니콘 기업이다. 간편송금에서 시작하여 신용등급 조회, 대출 금리 비교, 계좌 개설, 카드 발급, 보험 컨설팅, 자산 및 소비관리 등 40개가 넘는 다양한 금융 서비스를 제공하고 있다. 토스는 전통 금융을 아우르는 디지털 금융지주를 목표로 하고 있다. 마이데이터가 도입되면 폭넓은 금융 서비스를 빠르게 제공해 고객들이 토스 앱만으로 금융 생활을 할 수 있도록 하는 것이 목표다. 마이데이터 사업을 통해 더 많은 금융·비금융 데이터를 더 빠르게 받을 수 있어서 더 나은 상품 추천 서비스 완성에 주력하고 있다.[8]

보맵은 보험에 특화된 핀테크 기업이다. 이 기업은 마이데이터를 통해 고객의 수입과 지출 등 여·수신 데이터를 활용해 사용자

주요 빅테크 · 핀테크 기업들의 마이데이터 전략과 서비스(예시)

기업	마이데이터 전략과 서비스
네이버파이낸셜	마이데이터와 부동산, 증권, 자동차, 쇼핑, 리뷰 등 자사 서비스들과 연결하여 다양한 시너지 창출
카카오페이	자체 데이터와 카카오 모빌리티 등의 데이터를 결합하여 빅데이터 분석에 기반한 맞춤형 컨설팅으로 차별화
토스	폭넓은 금융 서비스를 빠르게 제공해 고객들이 토스 앱만으로 금융생활을 할 수 있도록 하는 것을 목표
뱅크샐러드	기존의 개인자산관리 고도화와 함께 금융 영역 이외 라이프까지 포함하는 신규 서비스들을 출시
보맵	중장기적으로 헬스케어와 의료 등 비금융 데이터를 활용하여 건강, 자산 현황, 생활 습관 정보와 결합해 사전 건강관리를 강화
공통	기존 플랫폼과 기술력을 바탕으로 금융 데이터를 연계한 다양한 일상생활 종합 플랫폼 구축

(언론 보도 및 각사 발표 자료를 종합하여 재정리)

가 어느 정도의 예산에서 보험 가입을 할 수 있는지 예측한다. 이를 통해 고객에게 적정한 보험료를 산정하고 적합한 상품을 추천하는 서비스를 제공한다. 소비나 지출 데이터를 분석하여 여행, 레저, 펫보험 등을 추천하기도 한다. 중장기적으로는 헬스케어, 의료 등 비금융 데이터 활용하여 건강, 자산 현황, 생활 습관 정보와 결합해 사전 건강관리를 강화해 나갈 계획이다.[9]

핀테크 기업들의 비즈니스 모델 역시 MZ세대 등을 중심으로 한 개인 자산관리 서비스가 될 것으로 보인다. 이러한 추세에 따라 각 사의 특성에 맞도록 개인화된 맞춤형 금융상품을 추천하여 수익을 창출하고 데이터 컨설팅, 지급지시 결제, 금융상품 자문업 등으로 사업을 확대할 수 있다.

마이데이터 사업은 모바일을 통해 손바닥 위에서 본인의 데이터를 다룰 수 있다. 결국 모바일을 기반으로 한 생활금융 플랫폼으로 귀결된다. 기술에 앞서 있는 핀테크 기업들이 마이데이터 사업을 도약의 계기로 삼는 이유이다.

마이데이터 사업자로 참여 중인 금융 회사, 빅테크 기업, 핀테크 기업은 모두 초기에는 개인자산관리 서비스를 기본으로 한다. 그러다가 각사의 강점이 있는 금융 및 생활 서비스 영역을 접목하여 고객과 데이터를 더욱 확장하는 전략을 취하고 있는 것으로 보인다.

중장기적으로 의료, 통신, 유통 등 비금융권 분야로 마이데이터 정보 수집 범위가 더욱 확충된다면 더욱 다양한 비즈니스가 창출될 것이다. 실제로 금융정보와 공공기관 데이터나 차량 데이터 등의 다양한 비금융정보를 통합하고 이용해 금융상품을 추천하고 금리를 우대하는 마이데이터 실증사업이 시범적으로 운영된 사례도 있다.[1장 26]

금융 DX 전쟁이 시작된다

마이데이터로 업종 간의 경계가 사라진다

2022년 1월부터 시작되는 마이데이터 사업은 아직 가보지 않은 길이다. 하지만 확실한 것은 금융산업은 과거와는 차원이 다른 경쟁 구도가 펼쳐질 것으로 보인다. 지금의 금융산업은 금융 회사끼리, 유통산업은 유통회사끼리, 의료 관련 산업도 해당 기관끼리만 경쟁해왔다. 하지만 마이데이터 산업이 발전하면 발전할수록 업종별 경계가 점차 무너지기 시작한다. 기존 플레이어가 아닌 다른 산업에 있던 기업들이 이업종 간 데이터를 결합하여 소비자들에게 더 좋은 서비스를 준다면 얼마든지 새로운 강자들로 부상할 수 있기 때문이다. 빅테크 기업들이 금융 서비스에 참여하여 시장에 새로운 혁신을 일으키고 킬 수도 있다. 해외에는 이미 금융 회사들도 의료 및 건강 관련 데이터를 확보하여 원격의료나 헬스케어 시장에 진출하고 있다.

전자상거래 업체도 다양한 이업종 데이터를 기반으로 금융이나 헬스케어 서비스를 제공하는 게 가능해진다. 이들은 업종 간의 구분 없이 기업 간 다양한 전략적 제휴를 하기도 한다. 결국 마이데이터 사업으로 산업 간의 경계는 빠르게 허물어질 가능성이 크다.[10] 바야흐로 업종 간 경계가 흐릿해지는 빅블러Big Blur 시대가 온 것이다.

특히 금융산업은 그동안 금융기관들이 독점해 온 금융정보들이 신용정보 전송 요구권을 기반으로 빅테크나 핀테크 기업에 개방되기 시작하였다. 종전에 금융권끼리만 경쟁하던 시대가 막을 내리고 이제는 다양한 이업종 간 데이터를 가지고 누가 더 좋은 상품과 서비스를 제공하는지를 두고 빅테크와 핀테크 기업과 경쟁해야 한다. 기존에는 하나의 금융 회사에서 통합적으로 금융 서비스를 제공하는 번들링Bundling이 지배적이었다. 하지만 지금의 금융산업은 하나의 금융상품이나 서비스가 쪼개져서 언번들링unbundling으로 진행되고 있다. 해체 또는 분리하여 하나의 서비스만 더 잘 전달하는 방법인 것이다. 이에 따라 언번들링된 기능에 가장 적합한 서비스를 제공할 수 있는 디지털 기업들이 규제 완화에 힘입어 시장에 진입하고 있다.

언번들링을 넘어서서 최근에는 슈퍼앱Super App이라 불리는 강력한 단일 플랫폼을 중심으로 금융 서비스가 통합되는 리번들링Rebundling 현상도 목격되고 있다.[11] 금융의 디지털 혁신으로 언번들링 현상이 진전되는 가운데 이제는 금융상품이 아닌 자체 플랫폼 경쟁력이 금융 회사의 가치를 결정하는 중요한 요소로 부상하였다. 이를 증명하듯 실제로 이미 중소형 금융 회사는 대형 플랫폼 사업자들과의 연계하거나 제휴하여 고객기반을 확충하고 있다.

마이데이터 사업이 본격화되면 손바닥 안에서 본인과 관련한 모든 데이터가 연결된다. 금융산업이 더 이상 '무형의intangible' 산업이 아니라 유형의tangible 모바일 플랫폼으로 전환되고 있음을 의미하는 것이다.[10] 최근에 모든 금융 회사들은 손쉽고 편리하고 콘텐츠가 풍부한 앱을 만들어 고객들이 자사 앱에서 최대한 오래 머무르도록 혼신의 힘을 다하고 있다. 일례로 일부 은행은 게임 업체와 손잡고 다양한 이벤트를 진행하기도 한다. 게임은 중독성이 강하고 로열티가 중요하다. 금융 서비스와 결합하면 새로운 기회가 오기 때문이다. 이처럼 모든 금융 회사가 기존 틀에서 벗어나 모바일을 기반으로 '일상생활 속 금융'으로 변신하기 위해 노력하고 있다. 이와 더불어 종전의 폐쇄적인 영업방식에서 벗어나 빅테크 기업과 핀테크 기업 등 새로운 플레이어들과의 공유하거나 협업을 하는 개방형 혁신도 더욱 가속화하고 있다.[1장 24]

경쟁 구도의 치열함과 함께 금융산업은 제조와 판매가 분리되는 충격을 경험할 것으로 보인다. 마이데이터 사업이 시행되면 금융과 비금융 데이터를 인공지능 분석과 결합한 맞춤형 자산관리 서비스가 일반화된다. 종전에는 금융 회사들이 다양한 대면과 비대면 영업을 통해 소비자들에게 자사의 금융상품을 권유하여 판매해왔다. 하지만 이러한 푸쉬Push형 금융 상품 판매 전략은 더 이상 유효하지 못할 전망이다. 이제 소비자들은 거꾸로 마이데이터 서비스를 통해 일상생활 속에 다양한 금융상품과 서비스를 능동적으로 추천받을 수 있다. 모바일 플랫폼을 통해 내가 필요한 여러 금융상품의 가격, 수수료, 이자, 혜택 등이 비교되어 한눈에 파악하는 게 가능해진다. 결국 금융 회사는 상품과 서비스를 만들고 판매는 결국 플랫폼에 의존해야 하는 상황이 오는 것이다.

마이데이터는 기존 금융 회사의 상품을 제조하는 방식에도 영향을 미칠 것으로 보인다. 지금까지는 자체적으로 쌓아온 고객 데이터를 분석하여 의미가 있는 패턴 등을 찾아 상품을 만들어왔다. 하지만 다른 금융 회사에 가입한 고객의 종합적인 재무 상황을 정확히 알 수 없었기 때문에 고객의 패턴화 작업에는 어려움이 많았다. 그러나 마이데이터가 도입되면 고객의 재무 현황, 위험 성향, 소비 패턴 등에 입체적인 분석이 이루어져 더욱 정교한 상품을 만들 수 있게 된다.[12]

마이데이터의 도입으로 금융 서비스가 진화되는 반면에 정작 금융 회사는 금융산업의 경쟁이 치열해져 고객 기반과 수익성의 위협에 직면할 것으로 예상된다. 마이데이터 사업자 중에는 빅테크와 핀테크 등 플랫폼 경쟁력을 갖춘 기업들이 많다. 그러한 기업들은 금융거래 정보는 물론 상거래, 주문 내역, 검색 및 소셜미디어 등의 정보를 결합하여 다양한 부문에서 고객 맞춤형 서비스를 제공할 수 있다. 전문가들은 특히 플랫폼 경쟁력에 앞서 있는 빅테크 기업이 금융시장에 들어오면 그동안 기존 금융 회사의 고객 접점이 이동할 가능성이 크다고 예측한다. 소비자들도 자사 또는 계열사 금융상품 판매에만 주력해 온 기존 금융 회사와 비교해 종합 백

화점 방식의 플랫폼 기업들이 매력적일 수 있다. 신속하고 편리하며 생활밀착형 서비스까지 연결하여 제공한다면 소비자들이 그 플랫폼에서 머무를 가능성이 크다.

마이데이터 사업 도입으로 금융시장이 영향받는 규모는 어느 정도일까? 2020년 9월 말 기준 한국은행 발표에 따르면 개인 금융자산은 4,325조 원에 육박한다고 한다. 현금과 예금이 1,932조 원, 보험과 연금이 1,352조 원, 주식과 펀드가 853조 원, 기타 215조 원 등이다. 또한 대출금은 1,878조 원에 달한다. 따라서 전체 6,203조 원에 달하는 개인 금융자산과 대출 부문인 소액 자산관리와 전세 및 신용대출 시장에서 금융 회사, 빅테크 기업, 핀테크 기업 간 치열한 전쟁이 시작된 것이다.[13]

마이페이먼트로 또 한 번의 파도가 밀려온다

앞서 언급했듯이 유럽연합은 개인정보보호 규정GDPR 제정으로 개인의 정보결정권을 강화하면서 동시에 지급결제 서비스 지침인 PSD2 제정으로 개인정보 이동권을 금융산업에 적용했다. 그동안 금융 회사가 독점해왔던 고객 금융정보를 활용하여 통합조회분석 서비스와 결제업무 대행 서비스 등의 업무를 제삼자 지급서비스 제공자도 할 수 있게 한 것이다. 빅테크나 핀테크 기업에 마이데이터와 함께 지급지시 업무가 가능토록 규제를 완화하였다.

똑같은 배경으로 우리나라도 마이페이먼트My Payment 제도 도입을 위한 전자금융법 개정이 논의 중이다. 마이페이먼트 서비스가 도입되면 마이페이먼트 사업자(지급지시 전달업자)는 고객의 자금을 맡아 두는 수신 기능 없이도 고객 보유의 모든 계좌에 대해 이체 지시를 전달할 수 있다. 기존에는 결제를 위해 카드사와 은행을 거쳐야 하는 신용카드 거래가 주를 이루고 있었다. 고객이 결제하기 위해서는 카드를 사용한 가맹점이 해당 카드사에 전표를 제출하고, 다시 카드사가 매입 후에 은행을 통해 대금을 청구하는 방식이었다. 하지만 마이페이먼트 사업이 도입되면 고객이 대금 거래를 지시했을 때 은행을 통해 바로 대금이 결제되기 때문에 훨씬 간편하게 사용할 수 있다.[14]

마이페이먼트가 도입되면 빅테크나 핀테크 기업으로서는 좋은 일이다. 지급지시 표준화된 전송 시스템API만으로 모든 결제와 송금 등을 진행할 수 있기 때문에 은행이나 카드사 들에 높은 수수료를 지급하지 않아도 되고 거래 리스크도 줄어들기 때문이다. 빅테크 기업의 참여가 본격화될 것으로 보인다. 하지만 금융 회사로서는 당연히 반갑지 않은 일이다. 이 서비스가 도입되면 카드 회사의 주요 수입원인 수수료 사업이 나빠질 게 뻔하다. 은행은 빅테크와의 경쟁에서 고객과의 접점이 줄어들 가능성이 크다. 2019년에 도입된 오픈뱅킹으로 주거래 은행 개념이 약화되고 있고 마이데이터 도입에 따른 경쟁으로 고객 기반도 차츰 약화되는 상황에서 기존 금융 회사에는 계속 위기가 파도가 밀려오듯 덮치는 꼴이다. 소비자는 더욱 편리할 뿐만 아니라 경쟁으로 인한 금융 서비스의 질이 훨씬 높아질 것이다. 하지만 금융 회사로서는 또 다른 충격이 아닐 수 없다. 마이페이먼트도 마이데이터와 마찬가지로 사업자 승인을 받아야 마이페이먼트 서비스를 제공할 수 있을 것으로 예상된다.

종합지급결제업은 금융시장 개방의 완성이다

정부는 마이데이터 사업자에게 마이페이먼트와 종합지급결제를 단계적으로 허용하여 금융 원스톱 서비스를 실현하여 소비자 편익과 금융 경쟁력 향상을 유도하고 있다. 종합지급결제업을 도입하면 디지털 원스톱 금융 서비스가 완결되어 진다. 2015년에 영국에서 설립된 레볼루트Revolut가 디지털 원스톱 금융 서비스의 모델이다. 레볼루트는 기존 금융 회사들이 제공하지 못했던 수수료 없는 환전을 포함하여 송금과 결제 서비스를 모바일 환경에서 편리하게 제공한다. 전 세계 150개 이상의 국가에서 30여 개의 화폐를 그대로 사용할 수 있다. 우리나라의 금융당국도 레볼루트와 같이 간편한 결제환경을 만들어 소비자들의 편의성을 올려주고 전통 금융산업의 장벽을 낮추어 경쟁을 유도할 목적으로 마이페이먼트와 함께 종합지급결제업 도입을 추진하고 있다.

2020년 7월 금융위원회는 디지털 금융의 안정과 혁신이라는 균형적인 발전을 위해 마이페이먼트와 종합지급결제업 도입 등을 위한 '디지털 금융 종합혁신방안'을 발표한 바 있다. 그 후속으로 종합지급결제업 도입도 국회에서 논의되고 있다. 마이데이터 도입이 금융결제 인프라 혁신을 위한 단계였다면 전자금융법 개정을 통한

마이데이터, 마이페이먼트, 종합지급결제 개념도

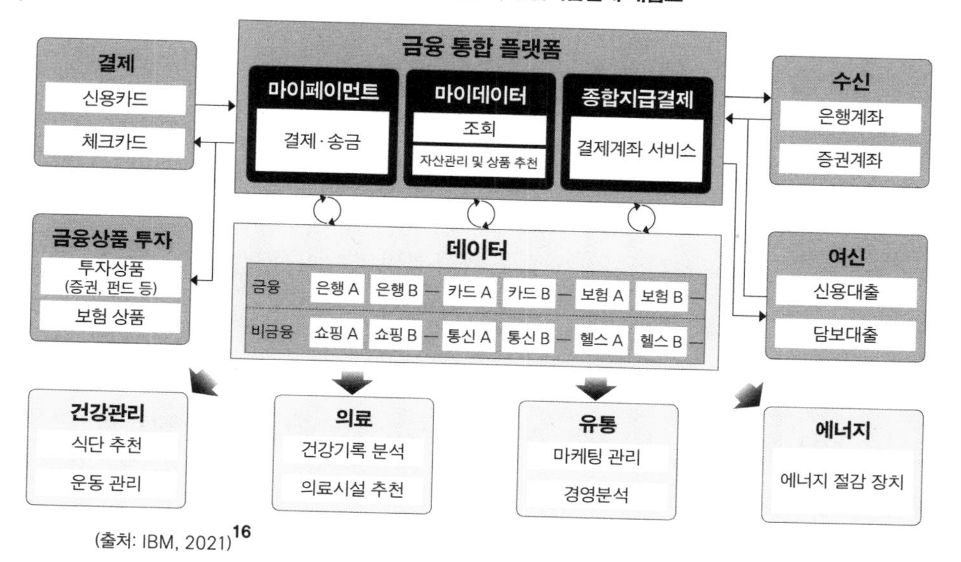

(출처: IBM, 2021)[16]

마이페이먼트와 종합지급결제업 도입은 전통 금융시장 개방의 사실상 완성이라 할 수 있다. 물론 최근 빅테크의 독점에 대한 우려와 함께 규제가 강화되고 있어 당장 실현은 어려울 수도 있겠으나 소비자 편리성과 금융 혁신 차원에서 마이페이먼트와 종합지급결제업 도입 논의는 계속될 것으로 보여진다.

종합지급결제업은 은행에 준하는 업무가 가능하다. 종합지급결제업은 하나의 금융 플랫폼을 통해 계좌 기반의 다양한 디지털 금융 서비스를 원스톱으로 제공할 수 있는 라이선스다.[15] 단일 라이선스로 자금이체업, 대금 결제업, 결제대행업 등 모든 전자 금융업의 업무가 가능하다. 종합지급결제업자는 금융결제망에 참가하여 은행과 제휴 없이 독립적으로 계좌를 발급하고 관리할 수 있다. 금융거래 정보가 거의 없는 신파일러들을 위해 30만 원 이하 수준의 후불 결제도 가능하다. 한도 없이 결제나 송금이 가능하고 입출금의 모든 환업무를 수행할 수도 있다. 금융상품 중개 등 종합자산관리도 가능할 전망이다. 사실상 금융과 비금융의 경계가 거의 사라지게 되는 셈이다.

이렇듯 빅테크 기업들을 포함한 기술 기업들이 종합지급결제업 면허까지 획득하게 된다면 계좌발급, 이체, 송금까지 가능해지고 은행에 준하는 자산관리 서비스를 제공할 수 있게 된다. 당연히 은행의 수수료 수익 확대의 핵심인 자산관리 분야까지도 치열한 경쟁이 벌어지게 된다. 예금과 대출 등 여·수신업무만 제외하고 사실상 모든 분야의 금융 서비스가 가능하게 되어 금융 회사의 위기감이 더욱 커지고 있다. 특히 마이페이먼트로 수수료 수입 기반이 약화되는 카드 기업들이 마이페이먼트와 종합지급결제업 진출을 위해 사활을 거는 것도 이러한 이유 때문이다.

금융 회사와 빅테크 기업 간의 본격 경쟁이 펼쳐진다

마이데이터 사업자들이 마이페이먼트와 종합지급결제 사업까지 진출하면 자산관리 서비스를 제공하고 고객의 자금을 쉽게 모을 수 있게 된다. 더 나아가 제휴 등을 통해 예금, 대출, 보험 등의 모든 금융 서비스까지 제공할 수 있다. 사실상 금융 회사와 본격적으로 경쟁하는 상황이 올 것이다.

금융 회사, 빅테크 기업, 핀테크 기업의 특징

항목	금융 회사	빅테크 기업	핀테크 기업
규모	○	○	×
고객 기반	○	○	×
브랜드 인지도	○	○	×
투자 여력	○	○	×
저비용 자금조달	○	○	×
네트워크 효과	×	○	×
디지털 기술력	×	○	○
낮은 수준의 규제	×	○	○

(조영은, 2020,[17] 자료를 참고하여 재정리)

금융산업 영역에 대한 규제가 점차 완화되면서 종전의 기존 금융 회사의 장점들이 조금씩 사라지고 있다. 오픈뱅킹과 마이데이터가 본격화되면 기업별 상품 정보와 가격 등이 한눈에 비교되어 소비자들이 과거처럼 주거래 금융 회사의 상품만을 찾지 않을 것이다. 과거에 편리했다고 생각했던 뱅킹 시스템의 위력이 차츰 떨어지고 MZ세대들은 지점을 많이 찾지 않는다. 그동안 기존 금융 회사를 보호해주던 라이선스와 규제 테두리도 갈수록 사라지고 있다. 특히 금융 회사는 오랜 기간 익숙해진 준법 감시나 법규 준수라는 틀 때문에 시대에 뒤떨어진 유산Legacy에 갇혀 행동의 제한을 받을 가능성도 있다. 이로 인해 조직 및 운영이 복잡해지며 변화에 대한 적응이 늦을 수밖에 없다. 금융기관들이 긴장하고 변해야 하는 이유이다.

빅테크 기업들은 인공지능이나 빅데이터 기술을 활용하여 고객의 성향을 분석하고 적합한 금융상품을 제공하는 역량이 탁월하다. 더구나 비대면 인증 기술 등을 활용하여 지점 방문의 불편을 없애는 등 소비자 편의성 증대에도 앞서 있다. 데이터와 함께 각 영역에 뻗쳐 있는 플랫폼 경쟁력을 앞세워 금융시장에 본격적으로 들어오면 파괴력이 막강하다고 할 수 있다. 플랫폼을 강점으로 금융과 비금융정보를 통합하여 맞춤형 금융상품과 서비스를 더 다양하고 편리하게 추진할 가능성이 크기 때문이다.

실제로 글로벌 컨설팅 기업 맥킨지는 2025년까지 은행은 리테일 부문 수익의 최대 60퍼센트를 빅테크를 포함한 기술 기업들에 뺏길 수 있다고 전망한 바 있다. 또 다른 컨설팅 업체인 액센추어는 구글, 아마존, 페이스북, 애플 등 비금융사들의 진입으로 중장기적으로 은행권의 수익이 3분의 1 이상이 줄어들 것으로 예측했다. 영국 주요 은행 임원들을 대상으로 조사한 결과에서는 응답한 200여 명 중 20퍼센트 이상이 '전통적 금융 회사이 아닌 IT 등 타 산업에서 유력한 경쟁자들이 등장하고 있다.'라고 응답했다.[18]

핀테크 기업 또한 금융산업의 기존 방식을 변화시켜 새로운 방법으로 금융 서비스를 제공하는 디스럽터Disrupter를 넘어서 또 다른 경쟁자로 등장하였다. 이들 기업은 특화된 기술력으로 사용자 인터페이스와 고객경험을 손쉽고 편리하게 제공하는 등 혁신적 서비스로 고객층을 사로잡고 있다. 특히 최근 정부의 규제 완화에 힘입어 은행뿐만 아니라 보험과 자산관리 등 다양한 금융 분야에 진출하여 기존 업권의 금융 회사들과 경쟁하고 있다. 전통적인 금융기관들은 디지털 채널 경쟁에서 패배하게 되면 금융상품의 단순 제조자로 전락할 수 있다는 위기감이 팽배하다. 이러한 빅테크 기업들의 금융산업 진격을 일찌감치 예상하고 중국의 핑안, 미국의 골드만삭스, 싱가포르의 DBS은행 등은 이제 금융 회사들의 경쟁자는 금융 회사이 아닌 빅테크 기업임을 천명하고 디지털 기술을 기반으로 모든 비즈니스 모델을 전면 혁신하고 있다. 바야흐로 기존 금융 회사, 빅테크 기업, 그리고 핀테크 기업 간 격돌의 시대가 현실로 다가왔다. 금융 디지털 전환DX, Digital Transformation 전쟁이 시작된 것이다.

빅테크 기업의 금융 진출은 어디까지 왔는가

왜 빅테크 기업은 금융에 진출하는 걸까

종전까지 금융 회사는 비용 절감과 업무 효율화를 중심으로 IT 기술을 발전시켜왔다. 하지만 2000년대 들어 기술 기업에 의해 인터넷과 스마트폰을 기반으로 한 혁신적인 금융 서비스가 제공됨으로써 금융의 핀테크화가 빠르게 진전되고 있다. 기술 기업은 그동안의 당연하다고 여겼던 고정관념을 깨고 간편하게 인증해주고 빠르게 처리해주며 쉽게 결제해준다. 이제는 빅테크나 핀테크 기업이 제공하는 금융 서비스가 기존 금융기관의 기반을 잠식하면서 전 세계적으로 빅테크와 핀테크 기업과 금융 회사 간의 경쟁이 치열해졌고 금융산업 전체의 핀테크화를 촉진시키는 등 금융시장의 일대 변화가 일어나고 있다.[19]

핵심 사업에서 성공을 거둔 이들 빅테크 기업이 금융에 진출하는 이유는 무엇일까? 가장 큰 이유는[20] 먼저 자사 플랫폼 고객들의 잠금 효과rock-in effect 때문이다. 네이버 고객이 쇼핑하고 결제할 때 네이버페이를 사용하면 앱이나 사이트를 나가지 않고 한 번에 구매가 완결되어 고객 충성도를 높일 수 있다. 아마존은 판매자들을 위해 아마존 랜딩Lending을 통해 대출해주면서 안정적 공급자 관리를 해오고 있다. 아마존페이, 아마존고, 그리고 음성 결제인 알렉사와 같은 혁신적 결제기능은 편리함이라는 고객경험 향상과 함께 트래픽 증대로 이어져 자사 고객들의 충성도를 획기적으로 올려줄 수 있다.

두 번째로는 금융 데이터를 확보해 새로운 수익을 창출할 수 있기 때문이다. 빅테크 기업들은 금융업에 진출함으로써 수집된 고객의 금융정보를 결합하여 새로운 서비스를 창출할 수 있다. 기존 금융 회사에서 할 수 없는 대안 신용평가가 좋은 예이다. 빅테크 기업들은 검색, 소셜미디어, 전자상거래 등을 기반으로 사용자별로 엄청난 양의 빅데이터를 축적하고 있다. 이 데이터들은 사용자 개개인의 신용을 측정하는 척도, 즉 신용정보가 된다. 기존 금융기관은 전통적인 담보주의를 기반으로 하기 때문에 중소 기업과 영세 기업 또는 개인에 대한 금융 중개를 충분히 하지 못한다는 비판을 받아왔다. 반면에 빅테크 기업은 자신의 플랫폼에서 데이터를 축적하고 이를 기반으로 자금 수요가 있는 중소기업과 개인의 신용도를 심사하여 대출해줄 수 있다.

세 번째로는 기존 수익원인 광고 사업은 이미 시장이 포화되었거나 경쟁이 치열하다. 이런 상황에서 신성장 동력을 확보하기 위해 금융에 진출한다는 분석이다. 디지털에 익숙한 MZ세대가 주력으로 떠오르면서 신사업 영역인 금융에서 빅테크 기업들이 유리할 것이라는 내부 판단이 깔려 있다.

네 번째는 비금융기관에 대한 금융업 관련 규제가 완화되고 있기 때문이다. 소비자 거래 편리성 제고와 중개 수수료 인하 등을 위해 그동안 보호되었던 금융산업의 영역이 점차 개방되는 추세다. 최근 동일기능-동일규제 원칙에 따라 빅테크 기업들에 대한 규제를 강화해야 한다는 목소리도 높지만 고객경험 향상과 금융 독과점 해소라는 명분 아래 빅테크 기업이 금융권에 진입할 기회가 점차 커져가고 있다.

이러한 여러 가지 이유를 종합해보면 빅테크 기업이 금융업에 진출하려는 목적이 엿보인다. 본업인 검색, 전자상거래, 소셜네트워크 서비스 등 검색부터 금융업까지를 수직 통합하여 일상생활 전반에서의 금융 서비스를 제공하고 해당 기업의 경제권을 더욱 확대하기 위해서이다. 빌 게이츠는 "은행업은 필요하지만, 은행은 더 이상 필요 없다."라고 말했다. 이렇듯 빅테크 기업이 금융업에 진출하며 금융업의 가치사슬은 해체되고 있으며 금융기관이 통합적으로 제공하던 기능들이 서서히 잠식되고 있다. 카카오, 네이버는 물론 글로벌 빅테크 기업은 결제, 송금, 대출, 금융투자, 자산관리, 보험 등에 이르는 모든 영역의 금융 서비스에 진출하고 있다. 다음은 국내외 빅테크 기업의 금융권 진출이 어디까지 왔는지 살펴보도록 한다.

전 세계 빅테크 기업이 금융에 뛰어들었다

자본 수익률 수치로만 보면 금융 서비스가 수익성이 낮은 부문임에도 불구하고 빅테크 기업은 계속해서 금융 부문으로 서비스를 확장해왔다. 미국을 대표하는 빅테크 기업들인 GAFA, 즉 구글, 애플, 페이스북, 아마존도 자사만의 지급결제 서비스를 중심으로 금융 서비스를 해체하고 분리하여 시장에 진입하고 있다. 금융업 직접 영위 금지 규제에 따라 은행, 증권, 보험사 등을 설립하기보다는 기존 대형 금융 회사와 제휴하는 방식으로 진입하고 있다. GAFA의 금융 진출 사례를 간략히 살펴보자.[20]

구글은 2020년 시티은행 등과 제휴하여 구글페이에서 저축 및 당좌계좌 개설 서비스를 시작하였다. 저축과 당좌계좌 정보를 통해 고객의 소득이 어느 정도이고 어디에서 쇼핑하며 얼마를 지불하는지 등의 정보 획득이 가능해졌다. 이러한 소비 패턴과 수입 및 지출 데이터를 확보한 후 구글 검색엔진의 데이터와 결합하여 자산관리 서비스와 맞춤형 상품추천 등에 활용할 것으로 보인다. 최근에는 인슈어테크 등 보험 서비스도 제공한다.

애플은 2014년 애플페이를 출시하면서 아이폰과 애플워치 사용자들에게 지급결제 서비스를 제공하고 있다. 2019년에는 실물 카드인 애플카드도 출시했다. 사용자는 지갑 애플리케이션을 이용해 애플카드를 신청할 수 있고 애플페이를 통해 온·오프라인 매장에서 사용할 수 있다. 애플은 애플카드를 함께 운영할 금융파트너로 골드만삭스를 택했다. 시장에서는 골드만삭스와 협력하여 애플이

암호화폐 사업을 검토하는 것 아니냐는 이야기들이 나오고 있다.

페이스북은 2019년 자사 페이스북, 인스타그램, 왓츠앱 등에서 사용 가능한 통합 결제 서비스인 페이스북 페이를 출시했다. 2019년에는 스테이블 코인Stable Coin 프로젝트인 리브라Libra를 발표해 전 세계의 주목을 받았다. 리브라는 당국과 연합기업의 우려로 역풍을 맞았으나 최근에는 '디엠Diem'으로 리브랜딩해 '디엠달러(가칭)'를 발행하기 위해 준비를 하고 있다.

빅테크 중에서도 아마존은 가장 공격적인 금융 서비스를 선보이고 있다. "아마존은 무슨 회사인가?"라고 묻는다면 "금융 회사이다."라고 답하는 사람은 많지 않을 것이다. 하지만 아마존은 '뱅크'는 아니지만 대부분의 '뱅킹' 업무를 수행하고 있다. 2007년 최초의 결제 시스템인 '페이 위드 아마존pay with Amazon'을 시작으로 2011년 '아마존 웹페이Amazon Webpay' 등 다양한 결제 사업을 추진해 왔다. 또한 아마존 내에서 현금처럼 사용이 가능한 아마존 캐시 기프트카드(선불계좌)와 아마존 입점 업체를 대상으로 한 대출 서비스 아마존랜딩을 운영하고 있다. 최근에는 은행과의 협업을 통해 신용카드와 체크카드를 발급하고 주택보험을 판매하는 등 금융산업 대부분으로 영역을 확장하고 있다.

구글, 애플, 페이스북은 지급결제 서비스를 중심으로 계좌 서비스와 보험과 암호화폐 개발 등으로 금융 영역을 확장해나가는 반면에 아마존은 결제, 송금, 결제, 대출, 보험 등 금융산업 대부분 영역에 진출하고 있다.

미국 GAFA는 금융업 직접 영위에 대한 규제 부담으로 주로 금융사와 제휴를 통한 수준에 머물고 있으나 우리나라나 중국과 일본은 직접 금융 회사를 영위하는 사례가 증가하고 있다. 한·중·일 빅테크 기업 역시 결제(페이), 송금, 대출 등 데이터가 많은 영역에서부터 시장에 진입하였다. 나아가 은행, 증권, 보험 영역도 온·오프라인 라이선스를 취득하여 금융업에 본격적으로 진입하고 있다.

중국은 빅테크 기업들의 금융 진출이 가장 활발한 나라이다. 중국 알리바바는 자회사인 앤트파이낸셜을 통해 결제, 송금, 투자, 보험 등 금융 전 영역에 진출했다. 한때 앤트파이낸셜의 기업가치는 2,000억 달러(약 237조 원)로 추산되기도 하였다. 2004년 출시한 알리페이Ali Pay는 QR코드 기반으로 전자상거래 사이트 결제, 선불 전자지급 결제, 간편송금 서비스를 제공한다. 알리페이 계정의 여유자금을 단기 금융 펀드로 운용할 수도 있다.

즈마신용芝麻信用 서비스도 인기를 얻고 있다. 보증금을 징수하거나 상환 이력을 가지고 심사하는 기존 여신 제도와는 달리 쇼핑 이력과 알리페이 잔액 등에 따라 신용점수를 산출한다. 알리바바는 인터넷 은행인 마이뱅크MyBank를 합작 설립하여 판매업체와 개인 대상 소액대출을 서비스한다. 공식 사이트에 따르면 온라인 대출 신청은 3분이고 대출 가부 판단은 1초라고 밝히고 있다. 나아가 알리바바는 마이바오시엔螞蟻保险, 중안衆安, 신메이信美 보험사 등을 통해 보험업까지도 하는 중이다. 알리바바의 은행과 결제업 종합 플랫폼은 카카오와 네이버와도 유사하다.

텐센트 또한 2013년부터 위챗페이를 통해 결제와 송금 서비스를 제공하고 있다. 위챗페이는 매월 약 12억 명이 사용하는 위챗

내의 지갑 기능 중의 하나로 독립적 금융 서비스를 제공하고 있다. 알리페이와 같이 QR코드를 사용해 다양한 결제가 가능하며 홍바오紅包로 불리는 세뱃돈 기능이 큰 화제가 되었다. 인터넷 전문은행 1위인 위뱅크We Bank를 통해 소셜미디어에서 빅데이터를 활용한 신용도를 평가하여 대출 상품을 운영 중이다. 또한 리첸통理財通 계좌를 통해 투자상품을 판매하고 웨이바오微保, 중안, 허타이 생보사를 통해 보험에 진출하는 등 전 금융 분야에서 사업을 영위하고 있다.

일본 역시 일본 최대 메신저 기업인 라인Line이 뛰어들었다. 라인페이LinePay-라인은행(예정)-라인증권-라인보험 등을 통해 전 금융 영역에 참여하고 있다. 라인은 2000년 9월에 네이버가 100퍼센트 출자한 회사이다. 2020년 기준 월간 이용자 수가 1억 8,600만 명을 넘고 일본에서만 8,400만 명을 보유하고 있다. 라인의 금융 영역 진출은 라인과 같이 메신저 기반으로 성장한 텐센트의 위챗페이와 유사하다. 라인은 막강한 커뮤니케이션 앱을 플랫폼으로 삼아 각종 다양한 서비스를 제공하고 있다. 그런데 이러한 서비스를 이용하는 데 다양한 결제 상황이 발생한다. 따라서 라인은 비용 결제기능이 필요하다는 이유로 금융에 진출했다고 밝혔다. 라인도 플랫폼에 금융 서비스를 수직 통합함으로써 다른 빅테크 기업들처럼 소셜미디어 서비스 기업이라는 틀을 뛰어넘고 있다.

라쿠텐은 인터넷 쇼핑몰에서부터 출발한 빅테크 기업이다. 라쿠텐페이-라쿠텐카드-라쿠텐은행-라쿠텐증권-라쿠텐보험 등 직접 금융사를 영위하고 있다. 더 나아가 신용카드인 라쿠텐카드를 비롯하여 전자화폐인 라쿠텐에디Edy, 포인트가 적립되는 라쿠텐 포인트 카드 등 다양한 금융 수단을 망라한다. 혹자들은 "라쿠텐은 이미 금융 회사이다."라고 이야기한다. 일본의 메가톤급 뱅크는 물론 중국의 알리바바에 필적할 만한 라인업 구성이라 하겠다.

빅테크 기업이 금융 비즈니스의 판을 더욱 키운다

우리나라의 네이버와 카카오는 기존 금융 업체들이 갖지 못한 막대한 사용자와 기술력을 기반으로 도전장을 내밀고 있다. 우선 네이버는 20여 년간 쌓인 검색 데이터, 연간 20조 원이 넘는 쇼핑 구매 데이터, 인공지능 기술 역량 등을 연결하여 금융업에 진출하였다. 간편결제 서비스인 네이버페이 출시를 시작으로 이후 다른 금융 회사와 제휴 등을 통해 '네이버 통장'과 '네이버 신용카드'와 예·적금 추천 서비스 등을 차례로 선보였다. 2019년에는 금융 전문 자회사인 네이버파이낸셜을 설립하여 금융, 쇼핑, 결제 간 시너지 효과를 강화하고 있으며 보험대리점GA 자회사도 설립하였다. 네이버는 은행 설립 등 금융업에 직접 뛰어들기보다는 플랫폼 기업으로서의 정체성을 지키며 기존 금융사와 제휴하는 방식을 주로 쓰고 있다.

아무래도 네이버의 강점은 어마어마한 데이터다. 4,200만이 넘는 검색과 콘텐츠 사용 관련 행동 데이터, 3,000만 네이버페이 이용자의 결제와 송금 데이터, 그리고 30만 네이버 스마트스토어 판매업체의 거래 데이터이다. 데이터를 인공지능으로 분석해 고객별 맞춤형 금융상품을 추천해주거나 최적화된 금리와 대출 한도 등을 제공하고 있다.

카카오는 은행부터 결제, 증권, 손해보험 분야까지 직접 진출해 금융지주 수준의 사업 포트폴리오를 구축했다. 카카오뱅크는 2021년 5월 말 기준 1,650만 명으로 국내 뱅킹 앱 1위이다. 2021년 10월 상장한 카카오페이는 누적 가입자 3,700만 명을 돌파했으며 출범 3년 만에 누적 결제액이 67조 원에 달한다. 최근에는 바로투자증권을 인수해 증권업에 뛰어들었고 디지털 손해보험사를 설립을 위해 예비인가를 획득하였다. 4,600여만 명이 매일 쓰는 카카오톡을 기반으로 금융 데이터뿐만 아니라 친구 수와 대화 건수 등 카카오만 확보할 수 있는 빅데이터를 분석해 신용등급을 책정하고 인공지능 자문 서비스 등을 제공하고 있다.

국내를 비롯한 글로벌 빅테크 기업들은 데이터와 주도권 확보가 유리한 영역부터 전방위적으로 진출하는 중이다. 한국, 미국, 중국, 일본의 주요 빅테크 기업들은 지급결제 서비스를 중심으로 은행, 카드, 금융투자, 보험 등 금융산업의 대부분 영역에 진출하였다. 사업진출 순서는 통상적으로 데이터와 생태계 주도권 확보에 유리한 결제, 송금, 계좌 영역부터가 먼저였다. 이러한 영역을 선점하여 고객 신용정보 데이터를 확보하고 수수료 수입을 확대할 뿐만 아니라 방대한 트래픽을 통해 생활 필수 앱으로 자리잡으려는 의도가 커 보인다. 뒤이어 교차판매 같은 시너지 창출이 가능한 대출, 투자, 저축, 보험산업으로 진입하는 것으로 보인다.

활발한 빅테크 기업들의 금융 진출은 새로운 기회의 창출이지만 마냥 반기는 것만은 아니다. 세계 각국에서 빅테크 기업들의 금융업 진출에 대한 시각은 기대와 우려가 엇갈리고 있다. 금융산업에 경쟁과 혁신을 유도하고 금융 접근성을 키운다는 장점도 있지만 금융 안정성 저하라는 우려가 함께 나오고 있다. 특히 경제 충격이 발생하면 유동성 리스크나 데이터 기반 심사방식 대출에 대한 부실화 가능성, 빅테크 기업들과의 경쟁으로 인한 기존 금융 회사의 자금 중개 기능 약화 등을 우려 요인으로 꼽고 있다.[21]

결국 전문가들은 규모가 큰 빅테크 기업들은 금융시스템에 대한 영향력이 크기 때문에 동일 리스크를 일으키는 행위에 대해서는 엄격한 규제가 필요하다고 지적한다. 아울러 빅테크가 지배적인 사업자로서 지위를 남용하지 않도록 데이터 독점성에 대한 규제도 마련할 필요가 있다고 강조한다. 실제로 중국 당국은 알리바바 금융 부문인 앤트그룹의 상장을 중단시키는 등 금융업 규제를 본격화하고 있으며 민간기업 빅데이터 공유 요구와 반독점법 적용 확대를 추진하고 있다. 미국도 주요 빅테크 기업들이 소비자들의 지급결제 데이터를 제대로 사용하고 관리하는지 조사에 착수했고 반독점법안 패키지로 5개 법률안을 발의하여 제정을 추진하고 있다.

국내에서도 2020년 12월 디지털금융 규제와 제도 개선방안이 발표된 이후 빅테크 기업들은 금융시스템 안정과 소비자보호를 위해 더욱 노력해야 하는 상황에 직면하게 되었다. 실제로 2021년 9월 금융소비자보호법 본격 적용을 계기로 네이버와 카카오 등 빅테크에 대한 규제가 강화되고 있다. 혁신금융과 금융 소비자 보호가 충

돌할 때는 기존 금융사들과 똑같이 소비자 보호가 먼저라는 뜻으로도 해석된다. 그동안 일부 서비스에 대해 관련 인허가를 받지 않고 규제를 사실상 우회하고 있었던 플랫폼 기업들로서는 새로운 도전이 아닐 수 없다.

금융에 이어 헬스케어 영역까지 진출한다

빅테크 기업들은 금융에 이어 성장성이 높은 디지털 기반의 의료와 헬스케어 시장을 주목하고 있다. 각사의 강점(구글은 검색, 애플은 디바이스, 아마존은 전자상거래, 페이스북은 소셜미디어서비스)은 각각 다르지만, 각자 가진 거대 플랫폼을 기반으로 한 빅데이터와 헬스케어 서비스를 조합하려는 목적이다. 자사 데이터의 강점을 기반으로 금융에 진출하였다면 이제는 자사 데이터에 의료와 건강 데이터를 결합하여 미래 먹거리 시장으로 사업 영역을 확대하려는 것이다.

미국의 헬스케어 시장을 보자. 2017년 기준 미국 헬스케어 시장은 3조 5,000억 달러(약 4,153조 원)로 성장하였으며 미국인 1인당 연간 1만 739달러(약 1,274만 원)를 헬스케어에 소비한다고 한다.[22] 또한 그동안 더뎠던 의료기록의 디지털화가 진전되고 더 나은 의료 서비스에 대한 시장 기대가 커지면서 빅테크 기업들도 헬스케어 시장에 눈독을 들이기 시작했다.

세계 각국의 빅테크 기업들은 금융에 이어 헬스케어 산업에 어떻게 진출하고 있을까? 우선 미국의 GAFA를 살펴보자. 구글은 2019년 세계 최대 웨어러블 기기 업체인 핏빗Fitbit을 2조 원 이상으로 인수했으며 인공지능을 활용한 제약 사업을 추진하는 엑스탈피XtalPi에 1조 7,000억 원을 투자하였다. 구글의 모회사인 알파벳은 2013년부터 5년간 186건의 헬스케어 관련 특허를 출원하였다. 구글 검색의 약 5퍼센트는 의학과 관련된 질문으로 알려졌는데 이러한 데이터를 헬스케어 개발에 주력하고 있다.

애플도 아이폰과 애플워치와 같은 디바이스를 통해 신체활동, 수면 습관, 심장박동을 추적하는 헬스케어 기반을 구축하고 있다. 또한 병원에 애플 헬스 레코드Apple Health Record를 출시하여 의사, 환자, 병원과 원활한 의사소통을 돕는 등 디지털 기기를 통한 의료 정보의 전달 용이성을 확보하는 데 주력하고 있다.

아마존은 의료 및 헬스케어 진출을 가장 적극적으로 추진하고 있다. 2018년 온라인 제약 스타트업 필팩PillPack 인수를 통해 제약과 의료 분야에 진출하였으며 헬스케어 사업 추진을 위해 버크셔해서웨이와 JP모건과 제휴하기도 하였다. 또한 아마존의 인공지능 플랫폼인 알렉사를 통해 감기나 기침을 판별하는 기능에 대해 특허를 신청하였다. 아마존은 특히 '증상-진단-병원 방문-치료' 과정에서 병원 방문이라는 중간 단계를 생략하기 위해 노력하는 것으로 알려졌다. 최근에는 자사 직원을 대상으로 원격진료 서비스 Amazon Care를 실시하고 있다.

중국과 일본의 빅테크 기업들도 움직임이 활발하다. 먼저 중국을 알아보자. 알리바바도 2015년부터 아마존과 유사하게 온라인 약국 사업에 참여하고 있다. 일반의약품과 함께 일부 전문의약품도 배송이 가능하다. 2020년 기준으로 4,800만 명이 알리건강 플랫폼을 사용하고 있다. 텐센트(위닥터)와 징동(징동건강)도 헬스케어 사업에 진출하고 있다. 특히 중국 기업들은 온라인약국을 포함하여 원격진료, 처방, 예약 등 종합 의료 서비스를 제공한다.

일본의 라인도 2020년부터 원격의료 서비스를 개시하였다. 별도의 앱 설치 없이 라인 앱으로 이용할 수 있다. 환자들은 라인 앱을 통해서 예약하면 영상으로 진료를 받을 수 있고 결제도 가능하다. 진료를 마치면 자동으로 결제가 이루어지고 의사 처방전도 병원에서 집으로 배송해준다. 라쿠텐도 고객의 생활 습관 빅데이터를 활용하여 암을 치료하는 사업에 진출하여 새로운 암 치료법인 '광면역 치료법' 기술을 연구하고 있다.

우리나라의 네이버와 카카오도 디지털 헬스케어에 관심을 두고 투자를 시작하고 있다. 네이버는 2018년에 제약회사와 대형 병원과 합작으로 헬스케어 법인을 설립하였고 이후 여러 헬스케어 스타트업에 지속적으로 투자하고 있다. 2021년에는 경도인지장애 디지털 치료제를 개발하는 회사를 인수하였다. 카카오도 대형 병원과 제휴를 통해 의료 분야에 발을 내딛었으며 최근에는 독자적인 디지털 헬스케어 회사를 설립하였다. 두 기업 모두 의료 관련 데이터, 인공지능 기술, 플랫폼 서비스 역량을 결합하여 생애 주기별 건강관리와 스마트 의료 서비스 등의 디지털 헬스케어 사업을 추진할 계획이다. 국내의 경우 원격의료 및 온라인 약국 사업은 각종 규제로 인해 본격 도입이 어려움에 따라 당분간은 건강관리 서비스 중심의 헬스케어 사업에 집중할 것으로 보인다. 우리나라를 비롯한 미국, 중국, 일본 등에서는 보험 회사를 비롯한 금융 회사들도 상품개발, 요율 개선, 건강관리 서비스 등을 목적으로 의료와 헬스케어 분야에 진출하고 있다. 금융시장에 이어 온라인을 중심으로 한 헬스케어 시장에서도 금융 회사, 빅테크 기업, 핀테크 기업 간의 또 다른 치열한 경쟁이 예상된다.

기업은 마이데이터 시대에서 무엇을 해야 할까

고객경험 혁신에 기반한 차별화된 마이데이터 전략을 세우자

금융과 비금융 데이터의 융합으로 이제는 같은 업종뿐만 아니라 이업종과의 경쟁이 시작되었다. 특히 금융시장은 기존 금융 회사뿐 아니라 빅테크 기업과 핀테크 기업의 가세로 그 양상이 더 치열할 것으로 보인다. 금융산업의 고객 접점도 과거 오프라인(창구·ATM) 중심에서 온라인 웹과 모바일 앱으로 발전하였고 마이데이터 시대를 맞이하여 플랫폼으로 진화하고 있다. 이제는 새로운 고객접점에서 새로운 경쟁자들과 승부할 수 있도록 기업들의 경영정책, 프로세스, 시스템, 인프라 등이 혁신되어야 한다. 따라서 마이데이터 제도 시행에 따른 방어적 대응에서 벗어나 더 근본적이고 중장기적인 경쟁력을 키워야 한다.

금융 분야 마이데이터 사업 시행으로 많은 기업이 고민에 빠져 있다. 마이데이터 사업에 직접 참여하자니 내부 역량이나 투자 비용이 걱정되고 참여하지 않자니 다른 기업에 데이터만 내주게 될 처지이다. 마이데이터 사업자로 참여하면 다양한 이업종 데이터 확보를 통해 새로운 사업 기회를 창출할 수도 있다. 하지만 고객 유입이 적은 업종이나 기업은 막대한 시스템 구축 비용 등으로 단기적으로는 투자 대비 수익을 내기가 어려울 수도 있다.

이 경우 사업에 직접 참여하기보다는 마이데이터 사업자와 제휴하거나 중계기관을 통해 서비스를 제공할 수도 있다. 물론 필요 데이터 확보에 어려움이 있어 서비스에 제한이 있을 수 있다. 참여 진입 시기가 너무 늦으면 높은 진입장벽으로 고객 확보나 차별화된 전략이 어려울 수 있다. 따라서 회사의 경영 여건과 전략에 따라 어떠한 방식이 좋을지, 어느 시점에 참여할지 등에 대한 대책을 수립해야 한다.

데이터에 대한 내부 역량 점검도 필요하다. 데이터 역량이 있어야만 고객경험을 통합적으로 이해하고 예측하여 이를 기반으로 초개인화된 상품 및 서비스 역량을 높일 수 있기 때문이다. 비즈니스 모델에 따라 필요한 정보가 무엇인지와 어떻게 확보해야 하는지에 대한 검토가 필요하다. 나아가 데이터 확보·관리, 데이터 분석, 데이터 인프라 구성 및 가공·활용 등에 드는 비용과 투자 시간도 같이 고려되어야 하겠다.

만약 마이데이터 사업에 참여하기로 방향을 정하면 사업추진 로드맵을 수립해야 한다. 구체적인 비즈니스 모델을 발굴하고 금융

당국에 인허가를 취득하고 마이데이터 시스템을 구축하여 서비스를 개시하는 로드맵이 필요하다. 비즈니스 모델 수립 단계에서는 시장과 경쟁환경 등을 분석하여 수익 모델과 서비스 전략 등 구체적인 비즈니스 전략이 수립되어야 한다. 수익을 창출할 수 있는 영역의 우선순위를 선정하고 이에 맞는 수익 모델을 설계해야 한다. 예를 들어 본인 신용정보 통합조회 서비스에 따른 광고 수익, 판매상품 수수료, 자산관리 수수료, 데이터 판매업 등을 생각해볼 수 있겠다.

수익 모델 설정에 이어 마이데이터 활용 동의를 해준 고객들에게 어떤 서비스를 제공할 것인지가 마이데이터 사업 전략에서 가장 중요하다. 마이데이터 사업 초기에는 소비자들은 자신이 원하거나 자신에게 유리한 정보만 선별 제공할 것이다. 따라서 소비자들이 자발적으로 제공할 만한 가치 있는 서비스와 쓸모 있는 데이터를 활용한 킬러 서비스 개발이 필요하다.

기본적인 자산관리 서비스는 동일하니 차별화된 서비스로 승부해야 한다. 예를 들면 부동산, 자동차, 세무, 의료 및 헬스, 쇼핑, 교육, 문화생활 등의 더 다양화된 생활밀착형 서비스와 결합하거나 가족까지 대상을 확대할 수도 있고 고객의 전 라이프사이클에 맞추어 더욱 특화된 서비스가 필요하다. 데이터의 분석 능력과 활용 능력을 높여 타사와 서비스를 차별화하는 것도 생각해볼 수 있다. 마이데이터 외에도 내부 데이터, 금융·비금융 제휴사 정보, 공공데이터 등의 추가적 데이터를 확보하여 분석한다면 좀 더 부가가치가 높은 서비스를 제공할 수 있다.

당연히 이러한 서비스는 편리성과 재미가 가미되어 철저히 고객 관점에서 진행되어야 한다. 인공지능을 기반으로 한 로봇 자문 등 혁신적 콘텐츠를 제공하거나 절약 목표 달성, 자동 저축 기능, 걸으면 보험료 할인 등 재미있는 요소를 부가하여 자주 방문하고 오래 머물도록 고객 몰입을 끌어내야 한다. 즉 킬러 서비스는 고객에게 투자와 혜택을 강화하고 재미를 주어야 한다. 그럼으로써 기존 사업 기반을 강화하거나 신규 비즈니스 확대로 연결되어야 한다.

마이데이터 시스템 구축은 서비스 실행 전략에 따라 효율적 플랫폼 구조를 설계하고 개별 시스템과 연계를 고도화해야 한다. 정보 수집 및 전달을 위한 표준화된 전송 시스템API, 서비스를 제공하는 모바일 앱, 데이터를 분석하는 시스템이 유기적으로 작동되어야 한다. 무엇보다 제일 중요한 것은 데이터 보안과 개인정보보호이다. 사고 방지를 위한 시스템과 내부통제를 강화하고 사고 발생 시 즉각적 대응체계를 만들어 소비자에게 믿음을 주어야 한다. 경험하지 못한 각종 운영 리스크가 생기지 않도록 데이터, 서비스, IT 및 정보보호 측면에서 더 철저한 관리체계 수립이 필요하다. 마이데이터 사업에서 얻은 데이터들을 내부 업무에 어떻게 활용하느냐에 관한 전략도 세워야 한다. 상품개발 및 언더라이팅에 활용, 관계사나 제휴사와 연계, 지점에서 고객상담에 활용하는 등 본업과 시너지를 내야 한다.

금융과 생활을 아우르는 모바일 플랫폼을 구축하자

마이데이터는 플랫폼을 기반으로 다양한 데이터를 융합하여 맞춤형 상품과 서비스를 제공하여 고객경험을 혁신하는 것이다. 마이데이터는 어쩌면 금융업보다는 플랫폼업의 속성에 더 가깝다. 정보 비대칭성 해소, 직관적 사용성, 복수상품의 비교추천, 자동화 처리 등이 기존 플랫폼 비즈니스와 유사하다. 마이데이터는 모바일을 기반으로 한 플랫폼 싸움이다. 플랫폼 간 경쟁에서는 금융권, 빅테크, 핀테크로 경쟁이 확대되므로 사용자 인터페이스UI와 고객경험UX 경쟁력 확보가 중요하다. 마이데이터 서비스는 주로 자사 모바일 앱에서 구현되는데 직관적 메뉴, 단순한 프로세스, 자동완성 기능 등을 통해 사용이 편리하게 만들어야 한다. 또한 감성적이고 재미있는 컨텐츠로 고객이 계속 방문하도록 설계되어야 한다.

최근 금융당국도 마이데이터의 지향점인 마이플랫폼My Platform을 활성화하겠다는 의지를 밝히고 있다. 마이플랫폼은 원 앱One-app에서 금융 서비스뿐 아니라 하나의 앱을 통해 은행, 카드, 보험, 증권은 물론이고 검색, 쇼핑, 배달까지 할 수 있게 하는 것이다. 금융과 생활을 망라하는 '초연결' 구축인 셈이다. 종전에 하나의 앱을 통해 은행·보험·증권을 아우르는 금융권의 '슈퍼앱'이 비금융 서비스로 더욱 확대된 것이다. 조만간 금융 회사의 앱에서도 음식 배달을 주문하고 꽃을 사서 결제할 수도 있게 된다. 결국 소비자들에게 매력적인 플랫폼이 되기 위해서 금융 회사는 비금융을 보완하고 빅테크 기업은 금융 분야를 보완해야 할 것이다.

초개인화 서비스를 제공하기 위해 다방면으로 플랫폼을 확장하려면 데이터와 함께 생태계 네트워크도 중요하다. 통신, 유통, 헬스케어 등 이업종 기업과 데이터 동맹을 맺거나 빅 플랫폼 기업과도 전략적 제휴를 맺어 자사의 플랫폼을 적극적으로 확장해야 한다. 예를 들어 금융 회사들은 쿠팡, 11번가, 인터파크 등과 제휴한 후 빅데이터 분석을 통해 온라인 판매업자들에게 자금을 대출해주는 비즈니스 모델로 생태계를 더욱 확장할 수 있다. 종전의 플레이어 경쟁에서 벗어나 생태계 허브 중심의 개방형 생태계 기반으로 사업 확장 역량을 강화해야 한다. 미래에는 헬스케어, 신용평가, 판매업자 대출 등 이업종과 융합한 신사업 기회가 무궁무진할 것으로 보인다.

플랫폼 경쟁력 향상을 위해서는 고객, 채널, 상품에 대한 경쟁력도 동시에 높아져야 한다. 마이데이터 서비스는 당사 고객뿐만 아니라 타사 고객을 대상으로 서비스가 확대될 수 있으므로 잠재 고객까지 고객으로 생각하고 고객경험을 관리해야 한다. 아울러 당사 고객의 다른 마이데이터 사업자로 이탈을 방어하고 신규고객을 발굴하고 유입할 대책도 필요하다. 마이데이터 시대에는 고객의 소비 및 재무 상황을 고려하여 맞춤화된 상품을 제안해야 고객의 선택을 받을 수 있다. 따라서 360도 고객 데이터 분석에 입각한 전문 자산관리 상담 역량을 갖추도록 채널 역량도 혁신되어야 한다. 마이데이터 플랫폼에서는 각종 혜택이나 금융상품이 한눈에 비교되어 추천되기 때문에 당연히 자사만의 경쟁력 있는 상품개발이 가장 중요하다. 각종 내·외부 데이터의 분석과 연계를 통해 새로운 상품을 개발하고 이업종과 제휴한 서비스로 고객 가치를 높여주어야 한다.

각자의 강점을 기반으로 마이데이터 사업을 추진하자

마이데이터 사업에서 승패를 결정짓는 것은 새로운 서비스를 발굴하는 아이디어, 기술력, 고객 확보량과 규모가 될 것으로 전망된다. 금융 회사, 빅테크 기업, 핀테크 기업은 모든 분야에서 잘하기보다는 해당 업권이나 기업의 장점을 살려 경쟁력을 강화하는 것이 바람직하다. 코로나19 팬데믹의 어려운 경영 환경에도 불구하고 국내의 5대 금융지주 기업은 사상 최대의 실적을 거두고 있다. 여전히 고객들은 금융 회사에 대한 높은 신뢰도를 보여주고 있는 셈이다. 디지털 기술의 빅테크 기업과 핀테크 기업의 공세에도 불구하고 기존 금융 회사에 익숙했던 소비자들의 금융 습관이 금방 고쳐지기는 힘들다. 더구나 금융기관은 안전한 시스템 덕분에 개인정보보호 측면에서 소비자들의 믿음이 아직 많다. 이러한 소비자들의 신뢰를 바탕으로 은행은 높은 공신력과 방대한 금융 데이터, 카드는 가맹점 정보를 포함한 다양한 결제정보, 보험은 헬스케어나 자동차 관리 등으로의 사업 확장성, 금융투자는 전문 자문역량을 바탕으로 생활금융 중심의 마이데이터 사업을 강화해야 하겠다.

특히 금융 회사는 빅테크 기업과 비교해 상대적으로 우위에 있는 금융상품 개발 역량을 강화해야 한다. 그동안 구축한 전문성을 바탕으로 리스크를 관리하면서 고객에게 맞춤화된 금융상품을 제공할 수 있도록 상품 경쟁력을 높여나가야 한다. 예를 들어 그룹과 시너지를 통해 최적의 상품 조합, 이업종과의 제휴, 공공데이터와 연계 등을 통해 데이터 융합 기반의 신상품을 개발해야 한다. 금융 회사들은 중장년층과 고액 자산가를 대상으로 오랜 기간 신뢰를 맺어왔다. 빅테크 기업이나 핀테크 기업이 가지지 않은 오프라인을 토대로 마이데이터를 연계하고 그럼으로써 추가적 자문과 판매 기회를 창출하도록 전략을 차별화하여야 한다.

나아가 금융 회사는 이제 '금융과 기술의 융합'으로 나가야 한다. 금융시장의 경쟁은 '동종 금융기관 간 경쟁'을 넘어 '테크 기업과의 경쟁'으로 전선이 확대되었다. 일찍이 중국의 핑안보험, 미국의 골드만삭스, 싱가포르의 DBS은행은 경쟁자를 빅테크 기업으로 보고 기술을 기반으로 한 금융 회사으로 변신하였다. 이제 '금융과 기술의 융합'은 늦춰서는 안 될 위협요인이 되었다. 마이데이터는 금융 회사들이 데이터, 기술, 그리고 플랫폼 기반 혁신 기업으로 거듭날 것을 요구하고 있다.

빅테크 기업 역시 금융을 더욱 보완하여 종합생활 플랫폼으로 나가야 한다. 빅테크 기업은 막대한 고객 데이터, 분석 역량, 앞선 디지털 기술, 대규모 플랫폼, 우수한 고객경험에 정통한 조직, 그리고 막강한 브랜드를 보유하였다. 또한 무엇보다도 MZ세대를 중심으로 높은 고객 충성도와 신뢰도를 얻고 있다. 빅테크 기업은 당연히 이러한 강점을 기반으로 마이데이터 사업을 발전시킬 것으로 보인다. 소비자들은 빅테크 기업이 강력한 플랫폼을 통해 혁신적인 금융 서비스를 제공할 수 있기를 기대한다. 현재까지는 플랫폼을 통한 서비스가 주로 결제기능에 머무르고 있으나 탁월한 데이터 분석 능력을 바탕으로 한 획기적 서비스로 고객경험을 혁신해야 한다.

앞서 있는 디지털 기술력이 차별화 포인트이다. 온라인 웹이나 모바일 앱을 금융 회사보다 더 잘 만들 수 있다. 빅데이터와 인공지능 분석 기술을 통해 고객별로 보험 보장 한도, 금리, 신용대출 한도 등을 최적화하는 기술도 금융 회사이 쉽게 따라잡기 힘든 부분이다. 빅테크 기업은 이러한 기술을 바탕으로 소비자의 니즈를 정확히 파악하여 간편하고 개인화된 맞춤 서비스를 제공해야 한다. 빅테크 기업은 아직 금융산업에 대한 전문성이 부족하고 금융 분야에 대한 신뢰성과 안전상 측면에서 불리하다는 지적들도 많다. 따라서 빅테크 기업 역시 금융에 노하우가 많은 금융 회사와의 전략적 제휴를 확대해야 한다. 결국 종합 생활 플랫폼 싸움이다. 소비자들에게 매력적인 플랫폼이 되기 위해서는 금융 회사는 비금융을 보완하고 빅테크 기업은 금융 분야를 보완해야 하기 때문이다.

빅테크 기업은 규제의 양날에 서 있다. 기술기업의 이점을 활용하여 금융기능을 언번들링하여 영역을 확장할 기회를 얻기도 하지만 '기울어진 운동장'이라는 비난 속에 각종 독과점 규제의 칼날에 대응하여야 한다. 빅테크 산업의 성장으로 인한 금융 안정 저해와 금융부실 가능성에 대한 지적도 많다. 나아가 금융의 사회적·공공적 가치 창출에 더욱 많은 고민이 필요하다.

핀테크는 특화된 기술로 고객의 페인 포인트(불만사항)를 공략해야 한다. 마이데이터 도입으로 핀테크 업체들은 금융 회사 데이터 확보가 더 쉬워졌기 때문에 고객의 요구를 더 잘 이해하고 예측할 수 있게 되었다. 또한 소비자 편리성 강화 측면에서 핀테크에 대한 정부의 규제 완화가 지속 확대될 것으로 보여 핀테크 기업들은 다양한 마이데이터 비즈니스를 더 잘 영위할 수 있을 것으로 보인다. 제2의 토스가 되기 위해서는 자산관리 서비스, 데이터 저장 서비스, 데이터 거래 서비스, 금융상품을 비교하고 추천하는 서비스 등 경영 여건에 맞게 비즈니스 모델을 구축하고 빠르게 시장을 선점해야 할 것이다. 기존 금융 회사는 엄격한 금융규제, 수수료, 자사 상품 위주의 서비스 등으로 높아진 소비자들의 기대를 맞추는 데 한계가 있다. 하지만 핀테크 기업들은 높은 기술력과 특유의 민첩성으로 고객 인터페이스UI와 고객경험UX을 손쉽고 편리하게 제공함으로써 혁신적 금융 서비스를 제공할 수 있다. 핀테크 기업은 자본 규모도 열세하며 금융 등에 전문성이 낮다. 이를 보완하기 위해 금융 회사나 이업종 기업과도 전략적 제휴도 강화하여야 할 것이다.

핀테크에 의한 금융 혁신이 빠르게 진전되면서 부작용을 우려하기도 한다. 2019년 국제결제은행BIS은 핀테크에 의한 소비자의 편익을 높일 수 있으나 그만큼 소비자 권익이 더 쉽게 침해될 수 있고 불건전 영업 행위에 더 쉽게 노출될 수 있다고 경고하였다. 따라서 합리적인 금융규제가 잘 작동되어야 한다. 아울러 마이데이터 등 데이터 관리부실로 일어날 수 있는 보안 위협을 사전에 방지하기 위해 핀테크 기업의 사이버 보안 역량도 높여나가야 할 것이다.

마이데이터 시대 핵심 경쟁력은 데이터, 플랫폼, 인공지능, 조직문화이다

데이터 주권 확립과 데이터 활용성 제고를 위해 전 세계적으로 추진되는 마이데이터는 이업종 간 데이터 융합의 서막일 뿐이다. 오픈뱅킹-마이데이터-마이페이먼트-종합지급결제업으로 연결된 파도가 우리에게 다가오고 있다. 앞으로 공공, 의료, 유통, 통신 등으로 그 너울이 더욱 높아지고 파괴적으로 커질 것이다. 그렇다면 변화하는 마이데이터 시대에 기업은 어떤 경쟁력을 가져야 하는가? 중앙대학교 김상윤 교수는 소프트웨어정책연구소에 기고한 글을 통해 마이데이터 시대에 갖춰야 할 '데이터, 플랫폼, 인공지능, 조직문화 경쟁력' 등을 강조하였다.[23]

이러한 경쟁력을 나의 입장에서 다시 정리해보자면 네 가지가 있다. 첫째, 데이터 경쟁력이다. 마이데이터의 핵심 경쟁력은 이종 산업의 데이터를 어떻게 연계하여 혁신적 서비스로 만들어내느냐가 관건이다. 여기에서 중요한 것이 바로 데이터 활용 역량이다. 다른 영역의 데이터와 융복합하여 고객에게 어떤 가치를 만들어낼 수 있느냐에 대한 상상력과 데이터에 대한 분석력이 사업 성패를 좌우할 것이다.

둘째, 플랫폼 경쟁력이다. 이를 위해 전략적 제휴와 생태계 확장이 필요하다. 마이데이터 사업의 핵심은 다양한 정보를 하나의 앱에 모아 고객에게 서비스를 제공해야 하기 때문에 고객이 언제든 머물 수 있는 종합 플랫폼이 되어야 한다. 그러기 위해 기존 플랫폼을 고도화해야 한다. 이게 여의치 못한 기업은 플랫폼 기업이나 이업종과의 제휴 등의 전략이 필요하다. 나아가 플랫폼을 기반으로 한 개방형 생태계를 만들어 다양한 참여자들이 협업하며 가치를 끌어올리는 생태계 전략으로의 확장이 필요하다. 직접 마이데이터 사업에 참여하지 않더라도 경쟁력 있는 플랫폼이나 생태계에 참여하는 방법도 좋은 전략이 될 수 있다.

셋째, 인공지능 경쟁력이다. 데이터 분석과 함께 플랫폼에서 제공되는 서비스가 타사 대비 차별적 경쟁력을 가지려면 탁월한 인공지능 기술로 무장하여야 한다. 인공지능 기술은 데이터 분석과 창의적 의사결정을 지원하여 새로운 비즈니스 모델을 창출할 기회를 제공해주기 때문이다. 마이데이터 시대에 소비자들은 결국 소수의 플랫폼 사용에 집중할 것으로 보인다. 경쟁 플랫폼보다 조금 더 혁신적인 가치를 제공하기 위해서는 결국 탁월한 알고리즘, 즉 인공지능 기술에 주목하여야 한다.

마지막으로 조직문화 경쟁력이다. 많은 기업이 정작 중요한 조직문화 경쟁력에 대해 놓치는 경향이 있다. 아무리 우수한 데이터, 플랫폼, 인공지능 기술 역량을 보유하고 있다고 해도 부서 간 이기주의, 톱다운 식 업무체계, 문서 위주 업무 등 아날로그식 조직문화가 남아 있는 한 사상누각이 될 수밖에 없다. 데이터 중심의 의사결정, 에자일agile한 신속한 업무체계, 고객 중심의 평가체계 등의 디지털 친화적인 기업 문화만이 마이데이터 사업 성공에 가장 빨리 다가갈 수 있다.

마이데이터 시대를 알리는 호루라기가 이미 불어졌다. 이제 모든 기업이 소비자들의 선택을 받기 위해 출발점에서 뛰기 시작했다. 데이터, 플랫폼, 인공지능, 조직문화의 경쟁력으로 빨리 무장해야 한다. 소비자들은 모든 기업을 선택하지 않고 초기 기억에 남는 몇 개 기업만을 선택할 것이기 때문이다. 이제 기업은 데이터 경제 시대, 나아가 마이데이터 시대에 걸맞도록 각자의 비전과 경영 전략을 다시 한번 점검해보고 경영 인프라와 프로세스를 재정비하고 조직문화를 개선해야 한다.

그리고 마이데이터 시대에서 잊지 말아야 할 마지막이 바로 고객이다. 마이데이터의 본래의 취지는 데이터 활용도 중요하지만 소비자의 개인 데이터 주권이 우선이다. 기업은 소비자가 본인 데이터를 관리할 수 있게 하고 보고 싶어하는 정보를 제대로 보여주고 그에 따른 다양한 맞춤형 솔루션을 제공해야 할 것이다. 결국 데이터 주권에 충실한 기업만이 고객경험을 향상시켜 줄 수 있고 선택을 받을 수 있다.

2부

마이데이터 시대의 강자들

3장

핑안, 마이데이터의 선순환과 금융 생태계를 보여주다

전통 기업도 테크 기업으로 변신할 수 있다

축적된 생태계 데이터로 교차판매의 명수가 되다

중국의 핑안보험 그룹은 데이터, 플랫폼, 기술을 기반으로 한 교차판매의 명수로 유명하다. 이 회사는 1988년 중국 선전深圳의 작은 손해보험사로 출발하여 2021년 8월 기준 시가총액이 1조 위안(180조 원)에 달하는 글로벌 금융 회사으로 크게 성장하였다. 2021년 브랜드 파이낸스Brand Finance의 발표에 따르면 핑안의 브랜드 가치는 484억 달러(약 57조 원)로 5년 연속 '브랜드 가치 글로벌 1위 보험사'의 자리를 차지하였다.[1]

마이데이터를 이야기하면서 핑안을 콕 집어 말하는 이유가 있다. 핑안은 은행, 카드, 보험 등 유수의 글로벌 금융 회사를 제치고 최고의 성공 모델로 손꼽힌다. 핑안은 보유하고 있는 플랫폼 간 시너지를 극대화하여 데이터를 활용하고 분석하여 이를 토대로 금융상품을 추천하고 판매하는 교차판매 역량이 매우 탁월하기 때문이다.

중국은 유럽, 미국, 우리나라와 같은 본격적인 마이데이터 서비스는 아직 도입되지 않고 있다. 핑안도 당연히 마이데이터 사업자가 아니다. 하지만 핑안은 2013년부터 그룹 차원의 클라우드를 구축하여 방대한 데이터를 수집하는 기반을 만들었고 인공지능 등 핵심 기술에 투자하는 등 금융과 관계없는 생태계를 만들어왔다.

무엇을 위해 그랬을까? 궁극적으로 일상 금융을 위한 종합생활 플랫폼을 구축하여 다양한 데이터를 얻으려는 게 목적이었다. 이 데이터로 고객을 이해하고 새로운 기술을 입혀 고객경험을 개선하려는 것이다. 더 나아가 핑안은 이러한 비즈니스 모델을 통해 교차판매를 확대하여 고객을 늘려나가고 있다.

핑안은 고객들의 금융정보뿐 아니라 자사의 여러 생태계에 축적된 방대한 비금융 데이터까지도 통합하고 분석하여 고객 니즈를 알아낸다. 이렇게 파악된 니즈에 따라 고객에게 가장 적합한 금융 상품이나 서비스를 추천함으로써 핑안의 금융사업 수요를 창출한다. 예를 들어 핑안의 자동차 구매 플랫폼인 오토홈Auto home을 통해 자동차를 산 고객들에게 핑안의 자동차 보험을 제안한다. 부동산 플랫폼이나 원격의료 플랫폼에서도 같은 방식이다. 서로 다른 디지털 서비스 플랫폼에서 얻은 고객 데이터들은 핑안의 금융사업 부문에 강력한 판매 경쟁력을 제공하고 금융과 비금융의 시너지를 통해 상호 수익 창출이 가능하도록 하고 있다.

핑안의 이러한 전략은 우리나라가 추진하는 마이데이터 사업의 선순환과도 잘 닮아 있으며 나아가 더욱 진화된 미래를 보여주는 듯하다. 마이데이터 사업은 데이터와 생태계 네트워크를 융합하여 고객 중심의 가치를 만들어내는 것이다. 즉 금융과 비금융의 다양한 데이터의 융합으로 고객의 니즈를 알아내고 이를 토대로 맞춤화된 상품과 서비스를 제공하는 것이다. 궁극적으로는 이러한 초개인화된 서비스는 다양한 생태계로부터 고객 유입을 확대하고 이를 통해 자사 상품과 서비스를 교차 판매하는 것이다. 핑안의 전략과 유사하다. 핑안은 데이터 활용 역량과 플랫폼 경쟁력이 핵심인 마이데이터 시대에 걸맞는 바로 금융 회사가 가야 할 방향을 보여주는 모델이다.

핑안은 2020년 말 기준으로 2억 1,800만 명의 금융고객을 보유하고 있다. 아울러 생태계 전체에 걸쳐 약 5억 9,800만 명의 인터넷 고객을 보유하고 있다.[2] 핑안의 금융 비즈니스에서 2020년 신규고객 수는 약 3,700만 명인데 이중 36퍼센트인 1,300만 명이 디지털 생태계에서 유입되었다고 한다.[3] 놀라운 숫자이다. 더 나아가 보유 고객의 90퍼센트는 핑안과의 디지털 연결에서 비롯된다고 한다. 결국 이러한 교차판매는 보험설계사들의 높은 생산성과도 연결될 수밖에 없다.[4]

금융과 과학기술의 융합을 선언하다

핑안의 한 해 매출액은 1,915억 달러로 우리나라 돈으로는 약 227조 원이다. 미국 경제 전문지인 『포춘』이 발표한 2021년 글로벌 500대 기업에 16번째 자리를 차지한 회사이다. 삼성전자가 2,007억 달러(약 238조 원)로 15위이니 바로 그 뒤를 쫓고 있는 셈이다. 전 세계 금융 그룹에서는 버크셔해서웨이(2,245억 달러, 266조 원)에 이어 두 번째로 크다. 중국 기업 중에서는 5위를 차지했다. 4개의 국영기업을 제외하면 민영기업으로서는 중국에서 가장 큰 기업이다.[5]

최근 코로나19 팬데믹 영향으로 인한 보험산업의 침체로 핑안의 시가총액은 감소하고 있으나 2021년 8월 기준 여전히 1조 위안(186조 원)에 달한다. 우리나라 4대 금융지주의 시가총액 합계(약 63조 원)의 3배에 해당하는 수치다. 이 모든 게 회사를 설립한 지 33여 년 만에 이루어낸 놀라운 성과이다.

'평화와 안전'을 뜻하는 핑안은 1988년에 중국공상은행中国工商银行과 자오상쥐그룹招商局集团의 합작으로 중국 최초의 주식형 보험사로 출범하였다. 1990년대부터는 외국 기업들도 지분을 소유할 수 있도록 하였으며 한때 골드만삭스, 모건스탠리, HSBC은행도 지분에 참여하였다. 2002년까지는 주요 사업이 보험에만 집중되어 있었으나 2003~2011년에는 보험, 은행, 자산관리의 3대 업무를 포함하면서 종합금융 그룹으로의 면모를 갖추게 된다.

핑안은 2004년에 홍콩 주식시장에 상장하였다. 2013년 이후 핑안은 금융산업과 IT의 융합이라는 비전에 따라 혁신적 IT 기술을 도입하게 되며 10여 년에 걸쳐 금융 서비스, 의료, 자동차, 스마트 도시 등 생태계 구축에 주력한다. 특히 자동차 관리 및 의료 등 생태계 기반의 신규 인터넷 사업 분야들은 기존의 전통 보험·금융

핑안보험 그룹의 개요

회사명	중국평안보험그룹주식유한공사
영문명	Ping An Insurance (Group) Company of China, Ltd.
설립	1988년
본사 위치	광둥성 선전시
대표명	마밍저
업종	보험, 은행, 투자
상장시장	상하이증권거래소(2007. 3. 1), 홍콩증권거래소(2004. 6. 24)
시가총액	1조 위안(약 180조 원) *2021년 8월 기준

산업과 함께 그룹의 중요한 수익창출원으로 부상했다.

2021년 3월 말 기준으로 핑안의 총직원 수는 36만 명이며 총자산은 1,460억 달러(173조 원)에 달한다.[5] 생명보험은 약 117만 명의 설계사를 보유하고 있다. 2020년 핑안의 운영이익은 1,395억 위안(약 27조 원)으로 2018년과 2019년 대비 18.1퍼센트와 4.9퍼센트씩 증가하여 매년 안정적 성장을 이어왔다. 현재까지는 보험이 차지하는 비중이 77퍼센트로 압도적으로 높다. 주목해야 할 점은 의료, 자동차 관리 등 핀테크 사업이 차지하는 이익 점유율이 약 5퍼센트이며 매년 그 비중이 증가한다는(생명보험 66퍼센트, 은행 12퍼센트, 손해보험 11퍼센트, 핀테크 5퍼센트, 투자 3퍼센트, 기타 3퍼센트 순) 것이다.[3]

금융시장을 재정의하고 디지털 생태계를 구축하다

핑안보험 그룹의 창립자는 마밍저馬明哲 회장이다. 마 회장은 1955년에 중국 지린吉林성에서 태어났고 아버지는 인민 해방군의 간부였으며 광둥성의 경찰 간부였다고 알려져 있다. 하지만 가정 형편이 어려워서 간신히 중학교를 마친 후 광둥廣東성으로 건너가 수력 발전소의 직원으로 일을 하게 되었다.

그는 1983년에 우연한 기회를 맞이한다. 선전 서커우 공업구蛇口工業區의 총책임자인 위안겅袁庚의 운전기사로 발탁됐다가 나중에는 보험과 관련된 부서의 간부로 일하게 되었다. 마밍저는 국제화물 운송에 보험사업이 필요한 점을 설득하여 중국 최초로 민영 형태의 보험 회사 설립에 참여하게 된다. 핑안보험은 중국공상은행과 선전 자오상쥐招商局의 공동 출자로 1988년 선전에 세워진다. 그는 자오상쥐를 대표해 33세의 나이로 총경리(회장)로 취임하게 되었다.

핑안의 초기 비즈니스 모델은 '복합 금융화'이다. 마밍저 회장은 주요 사업인 손해·생명보험뿐만 아니라 핑안신탁, 핑안증권, 핑안은행 등 다양한 금융사업 라이선스 확보를 위해 동분서주하였다. 복합 금융화를 통해 고객들에게 일관된 종합 금융 서비스를 제공해야 한다는 신념 때문이었다. 이러한 마 회장의 노력 덕분에 핑안은 현재 중국의 모든 회사 중 가장 광범위한 금융 라이선스를 보유하고 있다. 그는 그룹 지주사를 통한 계열사 분리 경영을 도입하여 부실로 인한 그룹 내 리스크 확산을 근본적으로 차단하였다. 시장에서는 마 회장을 타고난 사업가이자 기업가라고 평가한다. 그는

핑안의 마밍저 회장

(출처: 핑안 홈페이지, 2021)[2]

폭넓은 시야와 전략적 통찰력을 가졌으며 개척하고 포기하지 않으며 늘 창의적이고 새로운 트렌드를 추구한다고 평가되고 있다.

금융 복합화 이후 국제화와 대형화를 시도하던 마밍저 회장은 2008년 포티스Fortis 그룹에 238억 위안(약 4조 4,291억 원)을 투자하였다. 하지만 금융 위기의 영향으로 200억 위안(3조 7,218억 원)에 달하는 평가손실을 입었다. 또한 2010년에는 부실 상업 대출기관인 선전개발은행Shenzhen Development Bank을 인수하였는데 이마저 회생이 더디게 진행되는 등 인수·합병에서 큰 실패를 경험하였다.

이와 같은 시련 속에서 마 회장은 금융위기 이후 인터넷 발달과 함께 알리바바와 텐센트의 부상을 주목했다. 핑안의 전 최고 혁신 책임자였던 조나던 라슨Jonathan Larson은 언론과의 인터뷰에서 마 회장을 다음과 같이 소개하였다.

"마 회장은 인터넷 경제가 사람들의 삶의 모든 측면에 영향을 미치고 있음을 깨달았고 인터넷 기술의 발달이 금융업계에 미칠 영향을 예견하였다. 그리고 디지털 경제에서 완전히 새로운 도전과 기회가 있음을 알아챘다."[6]

마 회장은 금융 회사의 기술 활용 방식에 정통한 전문가이다. 그는 데이터 분석과 디지털 기술의 중요성을 미리 간파하여 창조적인 활용을 모색하였다. 알리바바와 텐센트와 같은 빅테크 기업들과 전투를 할 태세를 갖추어야 한다고 생각하고 준비하였다. 마 회장은 사내외의 반대를 물리치고 기술 연구개발에 투자하고 오토홈과 같은 회사를 인수하였다. 또한 핑안헬스케어Ping An Healthcare Technology와 원커넥트One connect 같은 회사를 벤처 투자로 육성하였다. 2013년에는 마밍저 회장의 경영 안목이 다시 한번 주목받았다. 마밍저 회장은 알리바바의 마윈, 텐센트의 마화텅, 즉 중국을 대표하는 혁신 기업가와 협력하여 이른바 3마馬로 불리며 중국 최초의 온라인 보험사인 중안보험衆安保險를 설립하기도 하였다.

마 회장은 금융 패러다임 변화에 대한 선구적인 안목으로 전통 금융 회사에 안주하지 않았고 시장 환경 변화에 맞도록 비즈니스 모델을 혁신하였다. 그는 우버처럼 기존 시장을 재정의하고 구글이나 페이스북처럼 데이터의 가치를 믿었으며 넷플릭스처럼 고객 경험을 차별화하려고 시도하였다. 또한 아마존의 창고 인프라처럼 인공지능 기술의 힘과 안드로이드와 같은 생태계의 능력을 미래의 핵심 경쟁력으로 보고 밀어붙였다.

핑안보험 그룹의 주요 연혁

년도	주요연혁
1988년	중국 최초의 주식 보험 회사로 핑안보험 회사Ping An Insurance Company 설립
1994년	중국에서 개인 생명보험 사업 시작, 모건스탠리와 골드만삭스를 주주로 영입
1995년	핑안증권 설립
2002년	HSBC 그룹이 단일 최대 주주
2003년	지주회사인 중국 핑안보험그룹 설립
2004년	홍콩 증권거래소에 상장
2007년	선전개발은행Shenzhen Development Bank 인수
2011년	핑안은행으로 변경
2012년	루팍스 설립, 핀테크 및 헬스테크 분야에서 입지 구축
2020년	글로벌 브랜드 38위, 포브스 글로벌 2000 7위
2021년	포춘 글로벌 500 16위, 5년 연속 글로벌 보험 브랜드 1위

(출처: 핑안 홈페이지, 2021)[2]

과학기술로 금융을 리드한다

마밍저 회장은 2013년 1월 1일 신년사에서 "과학기술로 금융을 리드한다."라는 이념을 제창하며 핀테크의 중요성을 천명하였다. 이를 토대로 '금융+기술'과 '금융+생태계' 전략으로 시장 생태계를 선제적으로 발전시키고 연구개발 투자를 늘려왔다. 핑안은 2018년부터 로고를 변경했는데 의미심장하다. 기존에는 핑안의 이름 밑에 보험, 은행, 투자를 써넣어 복합금융 그룹의 이미지를 나타냈다면 변경 후에는 핑안의 이름 밑에 금융金融, 과기科技로 바꾸어 핀테크 기업으로 변신을 천명하였다.

핑안의 비전과 비즈니스 모델

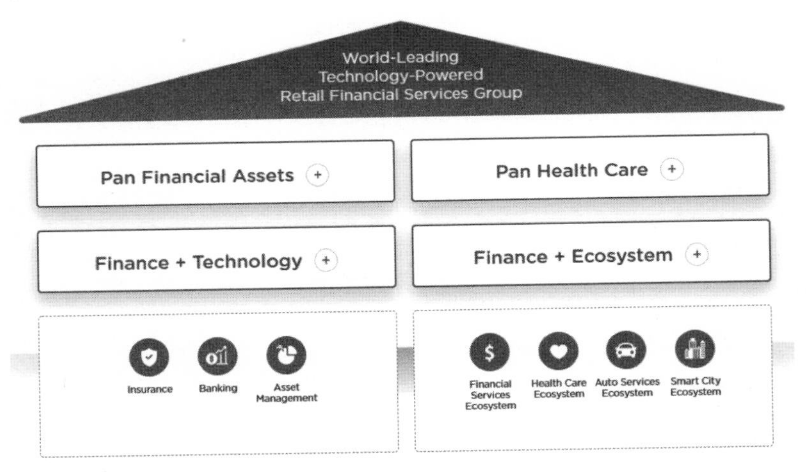

(출처: 핑안 홈페이지, 2021)[2]

핑안은 '전문성은 삶을 단순하게 만들고 기술은 금융 서비스를 따뜻하게 만들고 의료는 삶을 더 좋게 만듭니다.'라는 철학을 고수한다. 핑안의 비전은 '세계를 선도하는 기술 지향의 소매금융 서비스 그룹'이다. 그러기 위해 금융자산과 헬스케어 분야에 집중하고 '금융+기술'과 '금융+생태계'의 2개 비즈니스 모델을 기반으로 성장한다. '금융+기술' 모델은 보험, 은행, 자산관리를 축으로 성장하고 '금융+생태계' 모델은 금융 서비스, 자동차, 의료, 스마트 시티를 축으로 성장한다. 결국 디지털 경제와 데이터 경제 시대에 맞도록 금융과 기술 그리고 생태계가 결합하는 금융 회사의 새로운 비즈니스 모델을 제시한 것이다.

그렇다면 핑안이 어떻게 금융과 기술 그리고 생태계 기업으로 발전해왔을까? 마밍저 회장은 2011년 미국 실리콘밸리를 방문하

핑안의 주요 생태계 현황

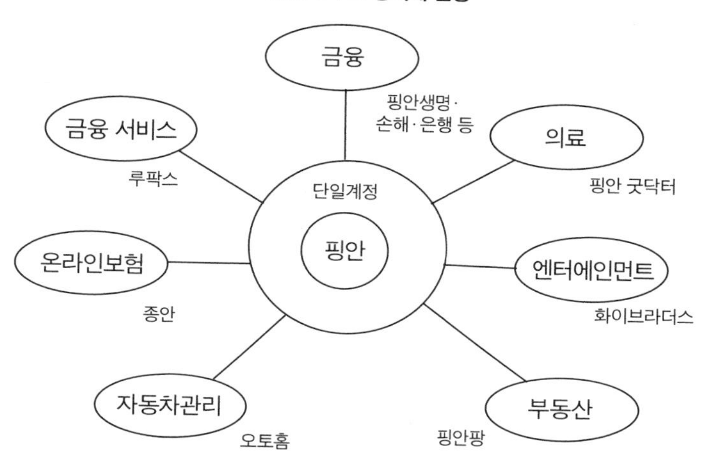

(핑안 홈페이지, 2021, 자료를 참고로 재정리)

였다. 그곳에서 그는 지금껏 보지 못했던 새로운 세계의 가능성을 엿봤다. 디지털 사업의 엄청난 가능성에 감명받은 나머지 이후에 벤처의 창업과 기술 및 생태계 투자를 아끼지 않았다. 우선 핑안은 2013년부터 그룹 전산시스템을 클라우드로 전환하여 비정형 데이터 등 고급 데이터 분석과 모듈화된 고객 중심적 업무 운영 기반을 구축하였다. 지난 10년간 연구개발에 쏟아부은 돈은 70억 달러(약 8조 3,000억 원)가 넘는다. 그리고 11개의 기술 계열사를 인큐베이팅하였다. 그럼으로써 이른바 금융 서비스, 자동차, 부동산, 의료, 스마트 시티 등의 생태계를 구축하였다.

이 생태계들은 자회사 형태로 운영되며 데이터 축적, 활용, 생태계 간의 교차판매를 위해 핑안그룹 차원에서 개인금융위원회, 그룹금융위원회, 그룹기술팀을 운영한다. 이런 생태계 구축은 핑안

그룹의 기업가치를 크게 높였다. 이 중 금융 서비스 분야의 루팍스 Lufax, 클라우드 등 핀테크 자회사인 원커넥트, 온·오프라인 방식의 자동차 거래 서비스를 제공하는 핑안오토홈, 온라인 건강관리 및 건강 자문 서비스를 제공하는 핑안헬스케어 등 4개 기업이 상장되었다. 원커넥트는 642개 은행, 106개 보험사, 2,500여 개 비은행 금융 회사들이 이용하는 세계 최대 금융 클라우드 플랫폼으로 성장했다.[7]

핑안은 더 이상 금융만을 취급하는 회사가 아니다. 금융에 기술과 생태계를 더하여 금융, 기술, 생태계가 결합한 명실상부한 거대 금융기술 그룹으로 변신하였다. 핑안은 성공적으로 기술 역량을 구축하였고 전통적인 금융 서비스 회사에서 데이터를 기반으로 한 플랫폼 회사, 나아가 생태계 회사로 전환하였다.

생태계란 플랫폼을 토대로 하는 비즈니스상의 산업구조를 뜻한다. 핑안은 본연의 금융 업무 외에도 일상생활에 다양한 디지털 플랫폼으로 제공하고 상품, 서비스, 콘텐츠를 제공하는 많은 기업과 긴밀한 협력을 맺고 상호 의존적인 관계를 구축하여 그들만의 생태계를 만들었다. 생태계를 통해 만들어진 관계는 상승적·연쇄적으로 더욱 확대되어 생태계의 가치를 더욱 올려주는 선순환을 이룬다. 핑안의 이러한 생태계들은 마이데이터 시대에 갖춰야 할 주요 경쟁력인 데이터, 모바일 플랫폼, 인공지능 기술이 핵심으로 작동된다.

핑안은 보험 회사가 아니라 데이터 회사이다

클라우드 전환 프로젝트로 데이터 회사로 거듭나다

마이데이터 시대의 본질은 데이터이다. 데이터는 양보다 품질이 더 중요하다. 핑안은 2억 1,800만 명의 금융고객과 자동차 및 의료 등의 디지털 플랫폼에 약 5억 9,800만 명의 사용자를 보유하고 있다. 더불어 8,400만 개 이상의 기업 데이터도 가지고 있다. 우리에게는 어마어마한 숫자이지만 중국의 '바트BAT(중국의 바이두, 알리바바, 텐센트)'의 데이터양에 비교하면 적은 편이다. 알리바바의 모바일 결제 플랫폼인 알리페이는 10억 명 이상이 사용하고 있으며 텐센트의 위챗 플랫폼도 매일 10억 명 이상이 평균 450억 개의 메시지를 생성하고 있다고 한다. 하지만 핑안은 데이터의 양보다는 품질이 훨씬 더 중요하다고 생각한다.

핑안이 수집하는 데이터는 고객의 삶에서 가장 의미 있는 건강,

부, 재산과 관련된 것이다. 이 데이터는 고액 거래를 포함하기 때문에 더 귀중하다고 여긴다. 중국의 디지털 소비자들이 만들어낸 온라인 데이터와 30년 동안 보험사업에서 축적된 오프라인 데이터를 결합한다. 예를 들어 고객의 운전 목적지, 차선 변경, 운전 속도 등의 일상 데이터뿐만 아니라 얼굴 스캔을 통해 체질량지수를 계산하여 데이터로 활용한다(우리로서는 개인정보보호 때문에 상상할 수 없는 일이다). 여기에 중대한 질병 증상, 대출 불이행률, 자동차 가치 등 그동안 축적된 다양한 오프라인 정보들을 연결한다. 이렇듯 온라인과 오프라인 데이터, 금융, 일상생활에서의 비금융 데이터를 서로 연계하여 고객을 이해하고 통찰력을 얻어 전체를 아우르는 비즈니스 모델로 연결한다.[8]

핑안은 핑안만의 독점적 정보를 중요한 자산으로 취급한다. 그 데이터는 다른 누구도 가지고 있지 않은 데이터이며 고객에 대해 매우 구체적인 정보를 알려주기 때문이다. 과거에는 은행의 독점적 정보는 고객 거래계정 등과 같은 원장 정보일 것이다. 하지만 지금은 빅데이터 등을 통해 고객이 회사와 같이하는 모든 정보가 그 회사의 독점적 정보이다. 또 핑안에는 통합 콜센터가 있다. 고객에게 대화가 녹음되는 점을 허락받은 후 모든 대화를 녹음한다. 이후 모든 음성을 기계분석이 가능토록 텍스트로 전환한다. 실제로 고객과 대화에서 나온 것을 데이터로 모두 추상화하고 이를 사용하여 음성 로봇을 훈련시킨다. 고객과 특정 주제를 다룰 수 있는 대화형 인공지능 엔진을 구축하여 고객이 말하는 것을 효과적으로 이해하고 적절한 방식으로 대응할 수 있도록 알고리즘을 구축하였다. 이러한 데이터들이 전부 독점 데이터가 되는 것이다.

또 다른 예를 들어보자. 핑안의 자동차보험 사업에는 세계 최대의 텔레매틱스 플랫폼이 있다. 텔레매틱스는 텔레커뮤니케이션Telecommunication과 인포매틱스Informatics의 합성어로 자동차와 무선통신을 결합한 차량 인터넷 서비스를 말한다. 만약 고객이 스마트폰을 통해 핑안 굿드라이버Ping An GoodDriver라는 앱에 가입하면 스마트폰이나 위치정보시스템GPS 등을 통해 언제라도 사용자가 어디에 있는지 알 수 있다. 사고 다발 장소에 있는지, 교통이 막히는 지역에 있는지, 비가 오거나 도로가 얼 때 얼마나 운전하는지 등 운전과 관련한 방대하고도 상세한 정보가 제공된다. 또한 과속하는지, 브레이크를 세게 밟는지, 고객이 운전하기 힘든 비포장도로에 있는지도 파악된다. 앱을 통해 엄청난 양의 정보를 얻을 수 있으며, 운전과 관련한 새로운 위험을 예측하는 것도 가능하다. 이에 따라 관련 서비스를 새롭게 개발할 수도 있다. 이러한 데이터는 핑안처럼 시스템을 갖추어야만 얻을 수 있다.

핑안은 외부와도 많은 링크를 연결하고 있다. 핑안페이의 예를 들어보자. 중국에서는 모바일과 결제가 연결되지 않고는 시장에서 버틸 수가 없다. 핑안이 보유하고 있는 지급결제 서비스인 핑안페이는 알리페이나 텐페이보다 아주 늦게 출발하였다. 하지만 핑안은 이들과도 제휴한다. 텐센트의 모바일 메신저인 위챗은 고객 수가 많은 핑안의 서비스와도 연결되도록 다양한 위젯을 제공한다. 핑안은 전자상거래 등 외부 플랫폼에도 참여한다. 이를 통해 핑안페이와 핑안의 금융상품을 제공할 수 있기 때문이다.

핑안의 이러한 탁월한 데이터 수집, 분석, 활용 역량은 핑안그룹의 클라우드 시스템 덕분이다. 마 회장은 MIT 졸업생이자 전 맥킨지 파트너였던 제시카 탄Jessica Tan을 영입하여 2013년부터 모든 정보기술 시스템을 클라우드로 이전하였다. 제시카 탄은 마밍저 회장이 외부에서 영입한 핑안의 핵심적인 기술 인력의 대표적인 사례이다. 클라우드 전환 프로젝트는 당시에는 상상하기 어려운 결정이었다. 핑안은 5년에 걸친 작업 끝에 자체 클라우드를 구축함으로써 비즈니스 전반에 걸쳐 고급 데이터를 분석할 수 있게 되었으며 인공지능 기술 활용을 위한 시스템적 기반을 마련하였다. 현재는 회사의 모든 비즈니스의 애플리케이션과 모든 인터넷 사용 고객들의 데이터들이 상용 플랫폼에서 작동한다.

고객경험 데이터로 다양한 금융 서비스를 교차판매하다

다른 기업들이 핑안을 따라잡기 힘든 탁월한 사업 역량 중 하나가 바로 교차판매이다. 핑안은 독점적 정보, 외부 링크 정보, 그리고 핑안의 다양한 자체 생태계에서 얻어진 정보들을 기반으로 교차판매를 추진한다. 핑안은 교차판매를 할 수 있도록 여러 접점의 데이터를 결합하여 대고객 단일 뷰View 시스템을 구축하였다. 교차판매는 크게 전화, 인터넷, 설계사 등을 통해 이루어진다.[9]

첫 번째로 핑안은 텔레마케팅의 중요성을 빠르게 인식하여 사업을 활성화하였다. 그 덕분에 2018년 핑안의 자동차 보험 절반 이상이 교차판매를 통해 판매되었다. 실제 핑안의 자동차 보험 텔레마케팅이 급성장하여 기존 자동차 보험 분야 1위였던 국영보험사의 시장점유율은 크게 줄었다고 전해진다.

두 번째로 인터넷을 통한 교차판매는 핑안이 핑안굿닥터(원격 의료 서비스), 루팍스(온라인 서비스를 통해 채무자와 채권자를 연결해주는 P2P 대출), 하오체(자동차 온라인시장), 하오팡(부동산)과 같은 온라인 포털에서 유입된 데이터를 활용한다. 예를 들자면 2014년 P2Ppeer-to-peer 대출이 선풍적 인기를 끌었을 때 단기 대출을 보험 계약자에게 교차 판매하였고 트래픽을 해당 P2P 대출 부문으로 리디렉션Redirection하였다. 이를 기반으로 별도의 자체 P2P 대출회사를 시작할 수 있었고 사업도 크게 확장할 수 있었다.

마지막으로 보험설계사를 통한 교차판매이다. 전화나 인터넷을 통한 판매보다 설계사를 통한 교차판매가 가장 활발하게 이루어지고 있다. 중국의 설계사 채널은 높은 탈락률과 낮은 생산성에 허덕이고 있다. 하지만 핑안은 110만여 명의 설계사들에게 다양한 금융 서비스에 대한 접근을 제공함으로써 어려움을 극복하였다. 보험 이외에도 신용카드, 다른 계열사의 인터넷 기반 대출 등 판매할 상품이 다양해짐에 따라 설계사들은 다양한 수입원을 얻을 수 있다. 설계사들이 탈락하지 않고 오래 다닐 수 있는 중요한 이유이다.

궁극적으로 핑안은 새로운 설계사들을 채용하고 교육하고 신상품을 판매하기 위한 고객 데이터베이스를 확장하며 교차판매 시스템을 구축하는 선순환 체계를 만든다. 2020년 연차보고서 발표 자료에 따르면 약 8,300만 명의 고객이 서로 다른 두 개 이상의 자회사 상품을 보유(즉 교차판매로 유입)하고 있다. 이는 전체 핑안 고객의 약 38퍼센트에 달한다고 한다.[3]

이렇듯 핑안은 인터넷을 기반으로 한 고객경험 데이터에 접근하여 보험, 대출, 자산관리에 걸친 다양한 금융 서비스의 교차판매를 함으로써 차별화된 비즈니스 모델 구축에 성공하였다. 특히 핑안은 고객 데이터에 근거한 교차판매를 활성화하기 위해 2000년대부터 고객추천지수NPS, Net Promoter Score를 그룹 차원에서 핵심 지표로 활용하는 것으로 알려졌다. 우리나라의 경우 그룹 계열사들과 연계하여 마이데이터 플랫폼을 구축하는 사업자들이 눈여겨볼 만한 대목이다.

일상생활의 비금융 데이터로 신용평가 모델을 구축하다

최근 우리나라에서도 신파일러와 자영업자를 위한 대안 신용평가나 중금리 대출이 확대되어야 한다는 목소리가 높다. 마이데이터 도입으로 금융거래 이력이 없어도 쇼핑, 통신비, 전기요금 등의 다양한 비금융 데이터를 활용하여 신용평가를 확대할 수 있는 길이 열렸다. 핑안도 자동차 거래, 의료, 엔터테인먼트 등 일상생활 플랫폼들로부터 수집된 데이터를 금융거래 데이터와 통합하여 고객의 신용위험을 평가하는 새로운 신용평가 모델을 만들었다. 대출 심사 시 나이, 성별, 소득과 같은 정적인 데이터뿐만 아니라 모바일 지출 증가 등과 같은 동적인 측면을 활용하여 고객의 신용 한도를 결정하는 방법이다.

핑안은 기존 금융사업 노하우와 함께 다양한 생활 플랫폼 등에서 수집된 3,600가지 이상 항목의 고객 데이터를 활용한다. 이러한 빅데이터는 인공지능 기술을 통해 분석되고 자원으로 활용된다. 신용평가 기업의 데이터 외에도 일상생활과 밀접한 분야의 비즈니스 데이터 덕분에 대출에 필요한 정확한 신용평가가 가능해진 것이다. 아직 신용평가시스템이 발달하지 않은 중국에서 커다란 경쟁력이 아닐 수 없다.

실제 핑안은행의 대출업무 사례를 보자. 이 은행은 그룹 생태계인 자동차 거래나 의료 플랫폼과 연계한 B2B2C 비즈니스 모델을 통해 대출 서비스를 제공하고 있다. 차량 구매나 병원 진료 과정에서 수집된 빅데이터와 인공지능으로 대출을 심사하고 있다. 대출 심사가 온라인으로 3분 내 처리가 된다. 핑안그룹 내 고객 데이터, 중국 중앙은행의 개인 거래 데이터, 제휴 주유소 등의 고객 거래기록 등을 토대로 상환 능력을 평가한다.

핑안은 원격 대출 심사에 세계 최초로 안면인식 기술을 도입하였다. 중국의 경우 대출을 받을 때 고객의 약 65퍼센트가 본인 수입에 대해 거짓말을 하는 것으로 알려져 있다. 그러한 정직하지 못한 답변은 핑안의 빅데이터를 통해 감지할 수 있다고 한다. 이러한 기술로 부실 대출로 인한 손실률을 60퍼센트 이상 줄였다고 한다.

핑안 그룹의 또 다른 온라인 대출 서비스 자회사인 루팍스 또한 차별화된 신용평가 모델을 보유하고 있다. 이 회사는 계열사의 방대한 일상생활 데이터와 모델을 활용하여 신용평점을 계산해서 고객의 신용등급을 평가한다. 대출 이후 상환 상황에 따라 데이터 모델을 자동분석하고 그 결과에 따라 신용등급을 재조정한다.

데이터와 인공지능을 결합하여 고객경험을 확 바꾸다

핑안은 탁월한 데이터 수집과 분석 역량을 활용하여 고객경험을 획기적으로 개선하였다. 여러분들이 만약 운전 중에 도로 한가운데에서 교통사고가 났다고 상상해보라. 통상적으로는 경찰에 신고하고 보험 회사에 연락한 뒤 사고 현장에서 한참을 기다려야 할 것이다. 하지만 핑안은 빅데이터와 인공지능 기술을 통해 고객들이 초조하게 기다리거나 불편한 청구 절차를 거칠 필요가 없게 만들었다.

핑안손해보험은 2017년 '초고속 현장 조사' 시스템을 출시했다. 고객이 스마트폰 앱을 켜고 간단히 몇 가지 질문에 답하기만 하면 신속하게 보험금을 청구할 수 있도록 프로세스를 획기적으로 개선하였다. 이 시스템의 특징은 조사자가 현장에 출동하지 않고 고객 스스로 사고로 손상된 차량의 사진을 찍어 보내면 3분 이내에 자동차 수리 견적이 통보된다. 고객이 견적 내용을 검토하여 수락하면 바로 고객 계좌로 보험금이 송금된다. 이러한 정확한 견적 추정치를 만들기 위해 6만여 개의 자동차 모델에 사용된 2,500만 개

부품들의 데이터베이스를 구축하여 손상된 차량의 사진과 비교한다. 시스템은 또 부품을 수리해야 하는지 또는 교체해야 하는지를 평가한 다음 부품과 인건비를 계산한다. 상황에 따라 무엇이 문제인지에 대해 다양한 피해 시나리오가 있다고 한다. 이러한 모든 정보를 얼굴, 음성, 이미지 인식 기술과 사기 방지 규칙 등의 복잡한 매트릭스와 통합하여 '초고속 현장 조사' 시스템이 작동되고 있다.

핑안은 데이터 과학자, 인공지능 전문가, 보험관리자로 구성된 팀이 새로운 서비스를 설계하고 개발하여 통합하는 데 3년이 걸렸다고 한다. 이 시스템을 통해 핑안손해보험은 매일 5만여 건의 사고를 처리하고 있으며 사고 청구 사진도 약 10억 장 이상이 축적되었다고 한다. 이러한 서비스는 고객의 편의성을 크게 향상시켜 재구매 의사를 증대시키고 보험금 허위 청구나 처리 오류를 줄여주어 회사의 비용 절감에도 상당한 기여를 하고 있다. 우리나라도 2019년 자동차 사고 발생 시 현장에서 조사하고 바로 청구할 수 있는 인공지능 기반 '자동차 수리비 견적 시스템'을 운영하고 있다.

핑안은 고객 데이터의 개인정보보호를 위해 정교한 시스템을 개발했으며 해당 데이터는 모델링에 사용되기 전에 완전히 익명화되었다고 말하고 있다. 하지만 얼굴이나 음성인식 등 일상생활에서의 방대하고 다양한 데이터를 수집하고 분석하는 핑안의 데이터 전략은 복잡한 개인정보 문제를 불러일으킬 수도 있다. 최근 중국에서의 개인정보보호법 시행으로 개인 데이터에 대한 주권이 강화되는 추세이다. 방대한 데이터를 활용하는 핑안이 어떻게 대응할지 주목된다.

금융에 비금융 생태계를 더해야 한다

모바일 플랫폼으로 금융 서비스 슈퍼마켓을 만든다

최근 우리나라도 마이데이터 도입과 함께 앱에서 금융은 물론 생활 서비스를 함께 제공될 수 있는 맞춤형 개인 공간인 '마이플랫폼' 도입이 화두가 되고 있다. 평안은 전통적인 금융 업무인 보험, 은행, 증권, 투자를 뛰어넘어 모바일을 기반으로 한 금융과 일상생활을 아우르는 새로운 온라인 금융 비즈니스 모델을 만들었다. 명실공히 종합금융과 일상생활을 연계하고 오프라인과 온라인을 넘나드는 플랫폼을 구축하여 세계 최고의 보험사로 우뚝 성장한 것이다.

평안의 비즈니스 모델은 크게 3단계로 진화하였다.[10] 1단계는 대략 2011년 이전까지의 시기로 초기 비즈니스 모델은 전통적인 복합 금융 비즈니스 모델이었다. 보험, 은행, 신탁, 증권, 자산관리, 해외 비즈니스 등 다양한 금융 비즈니스를 통해 여러 가지 금융상품 및 서비스를 제공하였다.

2단계는 인터넷 금융사업 모델이다. 2011년 온라인 P2P 대출 플랫폼인 루팍스를 설립하여 간편하고 신속한 개인 대출을 선보였고 클라우드 펀딩 플랫폼(퀀하이)도 구축하여 스타트업 기업들에 초기자금을 확보할 수 있도록 하였다. 아울러 클라우드 시스템 구축을 시작하여 현재와 같은 기술 중심의 기업이 되는 발판을 마련하였다.

3단계는 본격적으로 일상생활 플랫폼을 추가하여 비즈니스 모델을 진화시켰다. 2013년 핑안은 의료, 여행, 여가, 음식 등 일상생활과 금융을 통합하여 생활금융 플랫폼을 구축하였다. 이후에는 주택, 여행, 엔터테인먼트로 확대하여 만리통(포인트 적립 쇼핑몰), 평안하오팡(부동산 거래 플랫폼), 평안하오차(자동차 온라인 매매)를 출시하였다. 특히 2014년에는 건강관리 및 보험 관련 모바일 앱인 굿닥터를 출시하였다. 굿닥터는 코로나19 이전에는 미미한 실적으로 계속 손실을 기록했으나 최근에는 이용률이 늘어 많은 전문가들이 2~3년 안에 이익으로 전환될 것으로 예상한다. 이렇듯 핑안은 핵심 금융 서비스와 인접 일상생활 플랫폼이 연계되는 종합 플랫폼을 구축함으로써 소비자와 다양한 참여자들이 긴밀하게 공존하는 자체 생태계를 만들었다.

그렇다면 핑안은 왜 플랫폼을 만들려고 하는 걸까? 그것도 금융과 관계없는 일상생활 앱을 만드는 이유는 뭘까? 독자 여러분들도 잘 알다시피 보험은 장기간 거래되는 반면 보험료를 내는 것을 제외하면 회사와 접촉이 많지 않은 산업이다. 또한 고객들은 보험에 대해 어려워하고 그다지 큰 흥미를 보이지 않는다.[11] 핑안은 고객과 접촉이 적고 데이터 수집에 불리한 보험업의 특성을 일찌감치 간파하였다. 빈번한 소비자 상호작용을 얻기 위해 다른 생태계 모델을 찾은 것이다. 자동차, 부동산, 여행, 엔터테인먼트, 의료 등의 사업은 언뜻 보기에는 보험과 직접적인 관계가 없다. 그저 고객과 관계를 구축할 거리를 찾을 뿐이다.

핑안은 이런 생활 플랫폼에서 무엇을 얻을 수 있을까? 첫째, 고객과의 상호작용 횟수를 증가시키는 것이 목적이다. 간편 인증과 결제가 되는 모바일을 기반으로 상품과 서비스의 숫자를 늘려감으로써 관계를 강화할 수 있다.

둘째, 엄청난 양의 데이터를 수집할 수 있다. 일상생활의 앱을 통해 방대한 데이터를 기반으로 소비자 행동을 분석하고 인공지능 분석 기법을 적용해 구매를 예측할 수 있다. 이를 통해 고도로 개인화된 상품과 서비스를 고객에게 제공할 수 있다. 초개인화된 상품과 서비스는 핑안의 브랜드 가치를 높이고 높은 고객 만족도로 이어지는 선순환을 만들어낸다.

셋째, 이미 앞에서도 강조된 교차판매이다. 예를 들자면 플랫폼 사용자들은 차량 구매나 병원 진료 과정에서 핑안은행을 통해 대출을 받을 수 있다. 마치 깔때기처럼 핑안의 비금융 플랫폼을 통해 전통 금융 비즈니스 라인으로 교차판매가 가능하다. 핑안은 교차판매를 통해 고객 확보 비용을 낮추고 수익을 창출하여 비즈니스

모델의 경쟁력을 올릴 수 있다.[11]

넷째, 생활 플랫폼을 구축함으로써 금융에서부터 자동차, 부동산, 건강관리, 스마트 시티까지 다양한 생태계로 확장할 수 있다. 금융과 일상생활에 다양한 모바일을 기반으로 한 플랫폼을 제공함으로써 긴밀한 협력과 상호의존의 관계를 구축하여 생태계의 선순환을 만들 수 있었다. 핑안도 역시 아마존이나 알리바바 등의 '무료 서비스 제공' 사업 방식에서 비즈니스 모델을 착안하였다. 우선 플랫폼을 구축하여 고객을 모은 뒤 금융 서비스를 교차판매하고 비싼 제품 구매를 유도하는 방식이다. 이미 헬스케어, 리빙, 모빌리티, 게임, 푸드 등의 다양한 일상생활 플랫폼을 통해 무료 서비스를 제공하고 있다. 고객들은 시간이 지날수록 점점 더 익숙해지고 계좌를 만들고 보험에 가입하고 대출을 신청하는 등 생태계의 선순환이 만들어진다.[12] 이처럼 범 그룹적 생태계 모델을 통해 핑안은 엄청난 온라인 고객을 구축할 수 있었다. 앞서 얘기한 대로 핑안은 생태계 전체에 걸쳐 약 5억 9,800만 명(2020년 말 기준)의 인터넷 고객을 보유하고 있다. 특히 2020년 금융사업의 신규 고객 수의 36퍼센트는 핑안그룹의 디지털 생태계에서 유입되었다.

궁극적으로 핑안은 생활 서비스용 고객 계좌를 자산관리나 은행 등 금융 서비스용 계좌와 서로 통합하는 것을 최종 목적으로 하고 있다. 즉 소비자가 하나의 계정을 통해 모든 재정 문제를 해결하는 '금융 서비스 슈퍼마켓'으로 자리매김하는 것이다. 금융계좌들의 통합을 통해 고객의 라이프사이클을 이해하게 되어 더 좋은 솔루션을 만들 수 있으며 고객 니즈와 라이프 스테이지에 맞는 맞춤화된 상품과 서비스를 제공할 수 있게 된다. 이렇듯 핑안은 통합 단일 계정Total One Account을 기반으로 금융과 비금융의 모든 서비스를 사용할 수 있는 통합 금융 서비스 플랫폼과 생태계를 지향하고 있다.[10]

중국 최대의 자동차 거래와 온라인 금융 서비스 플랫폼을 만든다

핑안의 생태계를 더 강력하게 만들 수 있는 것은 생태계 안에서 신규고객이 다른 분야의 상품도 구매할 수 있도록 시스템이 구축되어 있기 때문이다. 핑안은 중국에서 가장 큰 자동차 거래 플랫폼 오토홈AutoHome과 자산관리 플랫폼 루팍스를 보유하고 있어 생태계 내 다양한 비즈니스 모델을 통해 소비자의 욕구를 잘 충족시킨다.

핑안은 2016년 중국 자동차 웹 사이트 오토홈의 지분 48퍼센트를 16억 달러(약 1조 9,000억 원)에 매입하여 종합생활 서비스 플랫폼 구축에 한 발짝 다가섰다. 오토홈은 핑안에 인수된 후 중국 최대 온라인 자동차 플랫폼으로서의 입지를 확고히 하고 흑자도 달성했다. 핑안은 수십 년간 축적해온 자동차 대출 및 보험금 청구 기록 등의 데이터를 오토홈이 최대한 활용한 덕분이다. 핑안의 소비자 취향에 대한 실시간 정보를 활용하여 오토홈은 보다 정확하게 고객을 타깃팅하여 금융 서비스 등을 제공할 수 있었다. 실제 핑안은 오토홈, 핑안손해, 핑안은행, 핑안금융리스와 연계하여 금융을 포함한 종합적인 자동차 서비스를 제공한다.

오토홈은 자동차 소유자뿐만 아니라 제조업체, 딜러, 수리점에도 플랫폼 서비스를 제공한다. 2020년 12월 기준 오토홈의 매출은 약 87억 위안(약 1조 6,000억 원), 1일 평균 온라인 모바일 순 방문자 수는 4,211만 명이고 유료 딜러는 2만 7,000명이 넘는다.[3] 2021년 8월 기준 시가총액은 약 47억 달러(약 5조 6,000억 원)이다.

핑안그룹 내에서의 교차판매도 활발하다. 핑안은행은 다양한 혜택과 함께 자동차 소유자를 대상으로 금융 서비스를 통합한 신용카드를 적극적으로 홍보한다. 오토홈을 통한 자동차 보험의 교차판매도 활발하다. 2018년 핑안손해보험의 신규 계약의 약 20퍼센트 또는 약 70억 달러(약 8조 3,000억 원)가 교차판매를 통해 발생했다고 한다.

루팍스는 핑안의 생태계 중 전통 금융 업무가 아닌 온라인 금융 서비스(대출 및 자산관리)를 제공한다. 2011년에 자회사로 설립된 루팍스는 개인과 기업이 금융에 대해 생각하는 방식을 혁신하였다. 중국은 국가 신용평가기관이 있으나 소수 인원만 등록되어 대출에 커다란 사각지대가 발생하고 있었다. 대출받고 싶어도 신용이력이 없는 중하층, 사회 초년생, 주부 등은 금융기관에 가서 대출받기가 쉽지 않았다.

하지만 루팍스는 투자 기회를 찾고 있는 투자자와 자금이 필요한 개인을 연결하여 P2P 기반 소비자 대출과 투자 및 자산관리 상품을 제공하였다. 대출자의 교육 배경, 직업, 안정성 및 대출 목적 등 자세한 목록을 데이터로 만들어 검토한 후에 시스템에서 부여한 등급에 따라 이자율과 대출 한도 등을 배분한다.

루팍스 플랫폼은 대출 외에도 P2P 거래가 가능한 투자상품과 자산관리 상품을 판매한다. 만기가 3년 이내이고 연간 수익률이 확정된 무담보 대출 상품이나 노인 등을 위한 투자상품이 판매되었다. 루팍스는 2019년 중국 정부가 P2P 대출에 대해 규제를 시작하자 사업에서 철수하였다. 하지만 개인 및 법인 자산관리와 지방정부 금융 솔루션으로 비즈니스 모델을 바꾸면서 크게 발전하였다. 2020년 말 기준 매출은 520억 위안(약 9조 6,761억 원)이며 고객자산 4,266억 위안(약 79조 원)을 보유하였다.[3] 2020년 6월 기준 루팍스는 4,470만 명의 회원과 1,280만 명의 활성 투자자를 보유하고 있다. 2020년에 미국 주식시장에 상장하였으며 2021년 8월 기준 시가총액은 191억 달러(약 23조 원)에 이른다. 핑안은 사업 다각화 생태계를 구축했기 때문에 한 가지 사업에서는 손해를 봐도 다른 부문에서 만회할 수 있다.

핑안의 미래 캐시카우는 의료 서비스 플랫폼으로 만든다

핑안그룹의 헬스케어 사업을 맡은 핑안헬스케어는 2014년 의사와의 의료 상담 등을 무료로 제공하는 '굿닥터' 앱을 출시하였다. 중국의 열악한 의료시장에서 양질의 의료 서비스를 원하는 중국인들의 니즈를 재빠르게 파악한 것이다. 굿닥터는 인공지능과 빅데이터를 활용한 앱으로 원격진료, 전자 처방, 온라인 약품 구매, 오프라인 병원 예약이 모두 가능한 시스템을 운영한다. 중국은 민간 자본이 의료기관을 소유하는 것을 허용하고 있어 원격진료 및 처방 등 의료 서비스 사업에 진출할 수 있다. 구체적으로 보면 일대일 실시간 원격의료 상담과 처방, 유명 의사와의 진료 예약 지원, 병원 접수 및 실시간 대기 상황 모니터링, 2시간 안에 의약품을 전달해주는 O2O 의약품 배달 서비스 등을 제공한다.

2020년 말 기준 핑안헬스케어의 등록 고객 수는 미국 전체 인구보다 많은 약 3억 7,280만 명이다.[13] 중국은 이미 헬스케어 분야에서 핑안을 비롯한 금융 회사들과 빅테크 기업인 알리바바, 텐센트가 경쟁하고 있다. 텐센트가 운영하는 위닥터We Doctor와 알리바바가 론칭한 알리건강Ali Health의 등록 고객 수인 각 2억여 명보다 핑안 굿닥터의 고객 수가 압도적으로 많다. 핑안헬스케어는 홍콩거래소에 상장되었으며 2021년 8월 기준 시가 총액은 844억 홍콩달러(약 12조 8,0000억 원)에 달한다.

굿닥터는 중국에서 진료-처방-의약품 구매-진료 예약까지 수직계열화를 완성한 유일한 곳이다.[14] 그리고 내부 의료진 1,000명, 1만 3,000여 명의 외부 의료진, 3,100여 곳의 병원과 1만여 곳의 약국 등과 협업을 통해 온라인 예약, 의료전문가 상담, 진단 및 치료법 등을 제공한다. 핑안 굿닥터는 2019년에는 중국 중산층을 대상으로 한 온라인 패밀리 의료 서비스인 프라이빗 굿닥터를 출범시켰다. 연회비는 1,099~7,999위안(약 20만~132만 원)이다. 회원들은 무제한 온라인 의료 컨설팅과 진료 예약, 건강검진, 약값 할인, 병원 방문 시 안내 등 서비스를 제공받을 수 있다. 2020년 2월 기준 핑안굿닥터의 프라이빗 닥터 유료회원은 300만 명이다.

특히 최근에는 코로나19 사태로 만성질환 환자들의 원격진료가 크게 늘고 있다. 고혈압, 당뇨병 환자는 스스로 검사를 하고 정기적으로 약을 받아야 한다. 진료 및 처방을 받기 위해 매번 몇 시간을 기다려야 하는데 핑안굿닥터의 원격진료와 처방 약 배송으로 편리함이 크게 알려졌다. 코로나19 팬데믹 동안 플랫폼 방문자 수, 앱 신규 고객, 일 평균 문진량이 종전보다 9배 이상 증가하였다고 알려졌다.

핑안 굿닥터는 그룹의 자금 지원과 파생된 고객을 통해 사업 초기 빠른 성장을 이루었다. 교차판매를 위해 핑안생명, 핑안손해 등의 앱에서 핑안헬스케어 서비스를 이용할 수 있도록 연동되어 있다. 또한 핑안의 보험사 고객이면 할인된 가격에 이용할 수 있도록 회원제 서비스도 출시했다.

핑안굿닥터 등록 고객 수 중 절반은 그룹사로부터 창출되고 있다고 한다. 실제로 환자가 핑안굿닥터 플랫폼을 사용하여 핑안생명의 보험 상품을 구매할 수 있다. 기존 핑안생명 고객들도 핑안굿닥터의 방대한 의료 서비스 제공업체 네트워크를 활용할 수 있다. 핑안이 고객과의 관계를 먼저 만들고 보험 상품의 교차판매를 촉진하는 성공적인 의료 생태계를 구축했음을 알 수 있다. 금융 서비스, 의료, 자동차, 부동산을 한 생태계를 구축함으로써 새로운 고객 집단에 빠르게 접근할 수 있다. 그럼으로써 결과적으로 비즈니스 성장을 가속화하고 수익성을 높일 수 있게 되었다.

핑안의 연차보고서에 따르면 2020년 말 기준 핑안의 금융고객 중 61퍼센트가 핑안 굿닥터 앱을 사용하고 있으며 실제 이들 고객의 인당 금융상품 보유 건수(3.2건)가 그렇지 않은 고객(2.1건)에 비해 1.5배가 높았다고 한다.[3]

코로나19 시대에서 핑안의 생태계 비즈니스 모델은 더욱 빛나는 중이다. 주력 사업인 금융 분야 사업은 코로나19 영향으로 성장이 둔화되고 있지만 의료 서비스 플랫폼인 핑안 굿닥터의 경우 원격의료나 온라인 의약품 구매를 위해 방문자 수가 많이 늘어났다. 사업구조 포트폴리오 측면에서도 성과가 나타난 것이다. 핑안의 비즈니스 모델은 전통 금융 회사에서는 찾아볼 수 없는 파괴적 혁신이다. 디지털 시대와 데이터 경제의 시대에 부응하는 금융 회사들의 새로운 비즈니스 모델을 제시하였다.

우리나라에서도 최근 보험 회사를 중심으로 디지털 헬스케어와 연계한 건강관리 사업이 본격 추진되고 있으며 정부 차원에서도 의료 분야 마이데이터 서비스 도입을 위한 공공 플랫폼도 구축하고 있다. 하지만 각종 규제로 인해 원격의료, 헬스몰, 건강검진, 질병 위험 분석, 사후 모니터링 등 핑안과 같은 종합 헬스케어 서비스 제공은 아직 어려운 실정이다. 향후 비의료 행위에 대한 허용범위를 확대하거나 금융정보와 건강정보 등이 결합이 더욱 쉽도록 법률과 정책적 지원이 필요한 실정이다.

기술 플랫폼을 개방하여 모바일 금융 서비스 시장을 석권한다

아마존이 개방형 기술 플랫폼인 아마존 웹 서비스AWS, Amazon Web Service를 가지고 있다면 핑안은 원커넥트라는 기술 플랫폼을 가지고 있다. 아마존 웹 서비스와 유사하지만 금융 분야에 특화된 것이 다르다. 코로나19의 영향으로 핑안의 보험사업은 크게 위축되는 등 위기를 겪고 있지만 핑안의 원커넥트의 디지털 서비스는 B2B 금융 회사 고객들에게 인기를 얻고 있다.

핀테크 자회사인 원커넥트는 인공지능, 블록체인, 생체인식, 클라우드 등의 핵심기술을 기반으로 스마트 뱅킹과 스마트 보험 클라우드 플랫폼 등을 구축하였다. 642개 은행, 106개 보험사, 2,500여 개가 넘는 비은행 금융 회사가 원커넥트 금융 플랫폼을 사용하고 있다.[3] 상업은행의 대부분과 보험사의 절반 이상이 사용하고 있는 셈이다.

원커넥트는 특히 클라우드를 기반으로 하는 모바일 금융 서비스에 경쟁력 있는 솔루션을 보유하고 있으며 소비자 대출 신용점수 모델에서도 이용 은행들로부터 호응을 얻고 있다. 보험 분야에서도 '슈퍼패스트Superfast'라는 사고 클레임 플랫폼을 22개의 자동차 보험사가 사용하고 있다. 또한 핑안은 독점 클라우드를 기반으로 상대적으로 적은 비용으로 빅데이터 기술을 다른 회사에 라이선싱한다. 이러한 기업들과의 파트너십을 통해 더 많은 데이터를 수집하고 이를 통해 모델을 개선하여 더 많은 고객을 유치할 수 있는 선순환 체제를 만들고 있다.

원커넥트는 2019년 뉴욕증권거래소에 70억 달러(약 8조 원)에 상장되었다. 2020년 매출은 약 33억 위안(약 6,142억 원)으로 전년 대비 42퍼센트가 증가하였다. 2020년 12월 말 기준 20여 개 나라에 100여 개 이상의 파트너와 협력하고 있으며 특허도 4,836건을 신청하였다.[3] 핑안은 디지털 기술 솔루션과 비즈니스 모델을 이용하여 해외 진출도 활발하게 추진하고 있다. 2020년에는 원커넥트가 스위스리Swiss Re 재보험사가 제휴하여 인공지능 기술을 통한 이미지 견적 솔루션을 기반으로 유럽에 진출키로 하였다. 이 솔루션은 단순 접촉사고나 인명피해가 없는 사고의 경우 인공지능 기술을 통해 현장에서 즉시 견적을 내고 지급을 처리할 수 있는 비대면 청구 시스템이다. 이외에도 원커넥트의 가상 은행이 2021년 홍콩에서 정식으로 영업을 개시하는 등 해외 20개 국가 및 지역에서 파트너십을 구축하였다.

한편 핑안 굿닥터도 2018년 그랩Grab과 합작사를 설립하고 동남아 시장으로 온라인 헬스케어 사업에 진출하였다. 핑안굿닥터는 기술과 경험을 제공하고 그랩은 온라인 플랫폼을 제공하여 병원, 의사, 약국을 연결하는 통합 서비스를 제공하고 있다. 1일 평균 의료자문 건수는 4,000여 건으로 알려져 있다. 핑안굿닥터는 소프트뱅크와 합작으로 일본 시장에도 진출하여 서비스를 준비 중이다. 핑안과 같이 우리나라 기업들도 전 금융권과 이업종 데이터가 융합되는 마이데이터 사업의 성공적 모델을 만들어 동남아 등 해외 시장에 진출할 날이 오길 기대한다.

기술력으로 비즈니스를 혁신해야 한다

핑안은 금융을 넘어 거대한 기술 기업이다

핑안은 금융 회사이지만 또 한편으로는 거대한 기술 기업이다. 이러한 기술로 생태계를 강화하고 있다. 핑안은 매년 매출의 1퍼센트(수익의 약 10퍼센트)를 연구개발에 투입한다. 2018년까지 10년 동안 인공지능, 클라우드 컴퓨팅, 블록체인 등을 위한 연구개발에 70억 달러(약 8조 원)를 투자했으며 향후 10년 동안 150억 달러(약 18조 원)를 추가로 투자할 계획이라 밝혔다.

실제 2020년에는 17억 달러(약 2조 원)의 기술 예산을 설정하여 기술 인프라를 강화하고 플랫폼 간의 교차판매를 촉진하였다. 그동안 이러한 투자금으로 11개의 기술 계열사를 육성했으며 그중 굿닥터, 오토홈, 루팍스, 원커넥트가 상장되었다. 핑안 그룹의 기술 벤처 기업의 합산 가치는 한때 700억 달러(약 83조 원)를 넘어서는 것으로 알려졌다.

핑안은 기술 혁신을 위해 회사 외부와 해외에서 인재 영입에 공을 들였다. 부사장이자 공동 CEO인 제시카 탄과 핑안의 최고혁신책임자CIO였던 조나단 라슨이 시티은행 출신으로 해외에서 영입되었다. 이들이 핑안 그룹의 기술 혁신을 주도하고 있다. 핑안은 약 2,200명 이상의 정상급 과학자, 약 3만 2,000명 이상의 기술 연구원(5개 기술 연구기관, 2개의 해외 연구개발센터), 10만 1,000여 명의 기술직원(11개 기술부서) 등 막강한 인재 집단을 보유하고 있다. 2020년 말 기준 핑안의 기술 특허 출원은 3만 1,412건으로 매년 1만여 건씩 증가하고 있다. 글로벌 특허 출원 목록에서 핑안은 핀테크와 디지털 헬스케어 분야에서 1위를 기록했고 인공지능과 블록체인 분야에서 3위를 기록했다.[3]

핑안은 데이터, 인공지능, 블록체인, 생체인식 등 4대 기술을 기반으로 클라우드를 사용하여 고객경험과 비즈니스 모델을 혁신하고 있다. 핑안은 기술로 생태계가 돌아가게 한다. 또 기술을 통해 생태계와 금융을 연결한다. 데이터의 결합과 교차판매 등이 자체 기술로 가능한 것이다. 특히 인공지능과 블록체인의 여러 기술을 자체적으로 개발했다. 몇 년 전까지만 해도 안면인식 기술은 아시아인들의 얼굴을 정확하게 인식하지 못했다. 핑안은 이러한 문제를 해결하고자 내부에서 팀을 조직해 맞춤식 솔루션을 개발했다.

핑안의 자랑인 안면인식 기술에 대해 잠깐 살펴보자. 핑안의 안면인식 인공지능 기술은 분당 3만 개 이미지 인식과 정확도 99퍼센트로 세계 최고의 기술력을 자랑한다. 안면인식은 "당신이 누구인지"에 대한 질문으로부터 시작하여 그다음부터는 미세한 표정을 분석하는 데 인공지능 기술이 적용된다. 핑안은 지금까지 54개의 미세한 표정을 얻은 것으로 알려져 있는데 안면 움직임(15분의 1초 혹은 25분의 1초 등 짧은 시간 내의 눈동자 움직임 등) 포착을 조합하여 7가지 다른 감정을 식별할 수 있다고 한다. 예를 들어 행복 지수, 초조함 지수, 슬픔 지수가 있을 수 있다. 이러한 지수는 비즈니스에서 의사결정을 내리는 데 사용할 수 있다. 실제로 대출 심사자가 물었을 때 고객이 매우 긴장하면 심사자는 고객으로부터 더 자세한 정보를 찾기 위해 추가적인 질문을 할 수 있다. 이러한 기술력을 바탕으로 세계 최초로 원격 대출 심사에 안면인식 기술을 활용하여 부실 대출로 인한 손실률을 60퍼센트 감소시켰다고 전해진다.

기술을 입혀 고객경험을 혁신한다

핑안은 온라인 의료 서비스에 인공지능 기술을 도입하여 2017년에는 인공지능 '1분 진료소One-Minute Clinics'도 설치하였다. 고객이 가까운 진료소를 방문하면 인공지능이 안내하는 대로 입을 벌려 목 상태를 검사받은 후에 진료소에 있는 체온계로 열을 잰다. 이후 자동으로 의사와 연결되어 진단과 처방을 받을 수 있고 모바일 처방전을 들고 별도로 설치된 스마트 의약품 보관함에 가면 QR코드로 약도 구매할 수 있다. 인공지능 의사는 의료진의 조수 역할을 한다. 인공지능은 환자의 질환에 대해 1차 진단을 하고 진단 결

핑안굿닥터가 운영하는 원격의료 '1분 진료소'

(출처: https://www.sedaily.com/NewsVIew/1Z7TRLRMZH, 웨이보 캡처)

과 및 병력 등 관련 정보를 의사에게 전달한다. 각 전문의는 인공지능의 진단 결과를 바탕으로 추가적인 진찰을 한 후 최종적으로 인공지능 진단에 대해 승인한다.[15]

인공지능 '1분 진료소'는 세계적인 인공지능 전문가 200명이 개발한 시스템으로 3억 건의 진료 데이터를 통해 완성됐다고 한다. 2,000여 종류의 질환에 대해 진단을 내릴 수 있고 수만 종류의 질병에 대한 환자의 질의에 대해 즉석 답변을 할 수 있는 것으로 전해진다. 핑안은 무인 진료 서비스를 선보이면서 총 26건의 관련 기술 특허를 신청했다.

디지털 운영 중심으로 통합 금융을 강화한다

핑안그룹은 선전발전은행을 합병하면서 2011년 핑안은행으로 이름을 바꾸었다. 1억 명 이상의 고객, 총자산 3조 4,000억 위안(약 633조 원), 전국 34개 지점을 가진 중국 민영 상업은행 중에서 자본 규모 7위이다.[3] 핑안은행은 2020년 9월 유로머니가 선정한 '유로머니 글로벌 어워드 우수상Euromoney Global Awards for Excellence' 시상식에서 세계 최고의 디지털 은행으로 선정되기도 하였다.

핑안은행은 2016년부터 빅데이터와 인공지능 기술을 통해 고객 서비스, 마케팅, 위험관리 등 다양한 영역에서 소매 비즈니스로의 전환을 시작했다. 핑안의 기술력은 인공지능 상담에서 탁월하다. 고객이 서비스 센터로 전화를 걸거나 클릭하면 상대방인 챗봇이 '음성'을 조정하여 고객의 지역 억양을 모방한다. 고객 대부분이 자신이 기계와 대화한다는 사실을 모를 정도로 정교하다고 한다.

핑안은행은 인공지능을 사용하여 연중무휴로 고객의 신용한도를 자동으로 계산하고 업데이트한다. 또한 소비자의 스마트 사전 평가를 수행하여 자동으로 매칭한 후 신용 서비스를 제공한다. 뉴럴 네트워크Neural network와 딥 러닝을 활용하여 고객관계 그래프를 기반으로 맞춤형 금융상품을 추천하며 로보 자문 서비스를 사용하여 투자 추천 보고서도 제공한다.

인공지능을 통한 업무혁신도 과감하다. 인공지능 로봇은 신용카드 발급과 자동차 대출업무에 적용되고 있다. 실제로 2020년 상반기에 발급된 신용카드의 90퍼센트는 인공지능에 의해 자동으로 승인되고 발급되었다. 또한 신용카드 대출 수금 전화를 음성으로 자동으로 처리하여 비용을 절감하였다. 2020년 6월 말 기준 핑안은행의 모바일 앱Ping An Pocket Bank의 등록사용자가 1억 명을 넘어섰다.

핑안은행은 코로나19 팬데믹에 대응하여 은행을 온라인 디지털 운영 방식으로 신속하게 개편했다. 2020년 6월 기준으로 3만 명 이상의 직원이 클라우드 데스크톱과 모바일 오피스 앱 해피 핑안Happy Ping An APP으로 원격 근무했다. 또한 앱을 통해 소매 고객이 스마트폰으로 금융상품을 구매할 수 있도록 했으며 기업고객도 온라인 뱅킹을 통해 기업 계좌를 개설할 수 있도록 했다.

핑안은행은 은행의 미래가 인공지능과 밀접한 관련이 있다고 믿는다. 따라서 디지털 운영을 중심으로 하는 통합 금융을 더욱 강화할 전망이다. 핑안은행이 통합 금융을 잘하는 이유가 있다. 데이터와 기술 등의 집중, 금융과 기술 중시의 평안그룹 문화, 자회사 간의 협업을 크게 강조하는 평가제도 등 역량과 환경 모두가 통합 금융에 초점이 맞춰져 있다.

인공지능 기술로 세일즈와 업무 혁신을 꾀한다

핑안생명보험은 2002년 핑안보험에서 생명보험 업무가 분리되어 독립하면서 사업을 개시하였다. 생명, 건강, 상해보험의 비약적 판매 증대로 시장점유율 17퍼센트를 차지하는 중국 2위 생명보험 회사이다(1위는 국영인 China Life). 거대한 중국 보험시장답게 보험 설계사를 무려 117만 명 이상을 보유하고 있다. 핑안생명은 안면인식 등 다양한 인공지능 기술을 활용해 세일즈와 운영 분야에서 다양한 혁신 활동을 펼치고 있다. 그럼 세일즈와 운영 분야에서 핑안의 인공지능 기술이 어떻게 구현되어 작동하는지 자세히 살펴보자.

우선 핑안생명은 인공지능을 활용하여 세일즈의 혁신을 꾀했다. 2016년에 설계사 채용을 위해 24시간 인공지능 면접을 도입하였다. 먼저 안면인식 기술을 활용하여 범죄사실 유무 등 지원자의 신원을 검증한다. 이후 얼굴 스캔을 통해 고객의 체질량지수까지 계산하는 등 간단한 신체검사까지도 수행한다. 핑안은 총 100만 명 이상을 인공지능으로 채용 심사를 하여 약 1조 원 이상을 절감할 수 있었다고 한다.

설계사 교육은 고성과 설계사들의 영업 노하우가 신입 설계사들에게 전수될 수 있도록 빅데이터 분석을 적극적으로 활용하고 있다. 기존 설계사의 교육 결과와 신입 설계사의 개인별 특성 및 프로필(사교성, 성실, 네트워크가 좋은 유형) 등을 분석하여 유형별 교육 계획을 수립하여 설계사별 맞춤 교육을 한다. 다른 나라에서는 불가능할 일이지만 심지어 안면인식 기술을 통해 수집한 '관상' 데이터까지 활용하여 설계사들의 기질과 성향을 예측하고 그 결과 최적화된 개인별 육성 프로그램을 적용한다고 알려져 있다.

핑안은 설계사들의 영업 지원과 관리 프로그램 개발에도 힘쓰고 있다. '업무 비서'나 '지식 비서' 기능을 개발하여 설계사들의 업무 우선순위를 조언해주고 보험 지식과 상품 정보를 손쉽게 확인할 수 있도록 하였다. 이러한 디지털 애플리케이션과 도구를 110만 명이 넘는 모든 설계사가 쓰고 있다. 그들은 기본적으로 종이 한 장도 만지지 않는다.

핑안은 고객관계관리CRM와 소셜네트워크서비스SNS 관리를 모두 자동화하였다. 소셜미디어 플랫폼, 애플리케이션, 통신 지원을 연계하는 SAT, 즉 소셜Social, 앱App, 텔레서포트Tele-support 모델을 구축한 것이다. 다양한 소셜미디어 채널에서 설계사들이 모바일 메신저를 통해 효과적으로 보험 상품을 마케팅할 수 있도록 시스템을 지원하였다. 고객이 선택한 다양한 플랫폼에서 마케팅과 영업을 할 수 있는 인프라를 제공받음으로써 고객과 관계관리를 강화해 판매로까지 전환하도록 영업 지원 시스템을 혁신한 것이다. 이러한 디지털 기술지원 덕분에 핑안 설계사들의 생산성은 타 보험사 설계사보다 약 2배 정도 높다.[16] 핑안보험의 인공지능 기술을 기반으로 한 설계사 영업 모델 혁신은 회사의 생산성 개선이나 비용 절감에만 그치지 않는다. 설계사의 직업 만족도는 물론이고 근본적으로 고객에게 저비용으로 적시에 매력적인 보험 상품을 공급하고 있다. 즉 고객-설계사-회사 모두가 '윈윈' 하는 구도를 만들어냈다. 세상에서 가장 전통적인 산업에서도 인공지능 혁신을 통해 모든 관계자가 상생할 기회를 만들어냈다.

핑안보험은 백오피스 운영 업무에도 인공지능 기술을 적용한다. 보험사의 핵심 업무인 보험 심사underwriting와 보험금 청구claims 및 고객 서비스 영역에서도 인공지능을 적극 활용 중이다. 우선 보험 인수 시 핵심 절차인 신원 확인과 과거 보험사기 이력 등을 조사하

핑안생명의 인공지능 기술을 활용한 업무 혁신

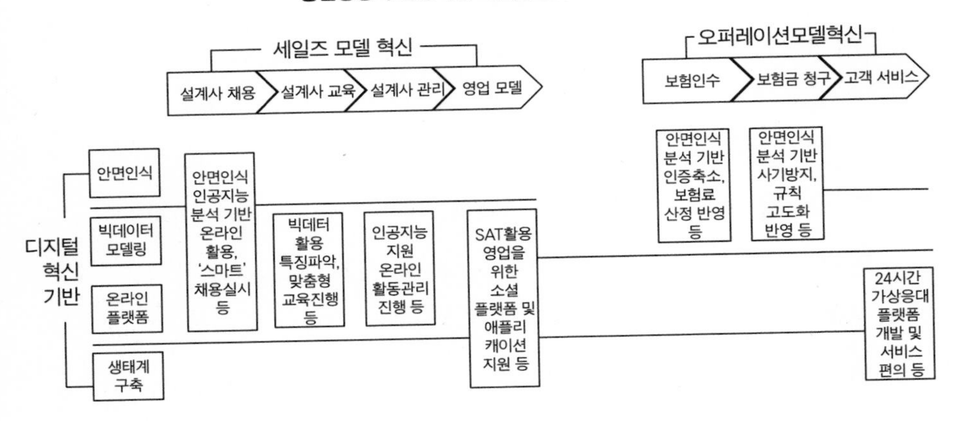

(장권영, 2019[17] 자료를 참고하여 재작성)

는 데 안면인식 기술을 적극적으로 활용한다. 표정의 미세한 변화와 부자연스러운 표정은 물론이고 안면인식 결과를 활용하여 체질량지수를 예측해낸다. 또한 보험료 책정에도 건강 항목 평가와 연동하여 기술을 활용하고 있다.

보험금 청구에서도 안면인식과 머신러닝 기술을 도입하였다. 보험금 청구자의 진술 시의 표정과 안면 근육 떨림 등을 분석하여 보험사기로 의심되는 청구 건을 판별하는 데 성과를 내고 있다. 이외에도 병원과 제휴하여 실시간 보험금 청구 자동화를 추진하여 보험금 처리기일과 심사서류를 대폭 간소화하였다.

고객이 언제 어디서나 본인의 계약 상품에 대해 문의할 수 있는 24시간 온라인 챗봇도 운영 중이다. 보험계약 외에도 현금관리, 단기 투자 정보, 펀드 구매 등 다양한 재무 상담 서비스를 제공하며 '핑안 굿 닥터 서비스'와 연계하여 의료 서비스 문의에도 대응하고 있다. 세일즈와 백오피스 업무 전반에 디지털 기술을 적용하여 고객경험과 비즈니스를 혁신한 것이다. 디지털 전환을 본격 추진하고 있는 우리나라의 금융 회사가 기술 도입을 더 이상 늦춰서는 안 될 이유이다.

그렇다면 디지털 혁신에 성공한 핑안의 조직문화는 어떨까? 한마디로 애자일과 개방이다. 컨설팅 업체인 맥킨지에 따르면 "핑안은 혁신적 시도를 권장하되 실패에 대해서는 낙인을 찍지 않는다."라고 한다. 핑안의 마밍저 회장은 "실패에 대해서는 걱정할 필요가 전혀 없다. 방법을 찾기 위해 전력을 다하면 된다. 결국 아이디어만 찾을 수 있다면 성공한다."라고 말했다. 핑안은 협업을 강조한다. 직책이나 과거 경력에 상관없이 연말 성과 달성 여부로 평가받기 때문에 직원 간 협업이 촉진되고 있다. 다음 해 목표도 전년 대비 성장이 아니라 시장 잠재력 기준으로 설정된다.[12] 핑안은 어려운 목표도 쉽게 받아들이는 기민(애자일)하고 개방적인 문화 덕분에 전통 금융 회사의 테두리에서 벗어날 수 있었다.

혁신적 비즈니스 모델에 기반한 핑안의 놀라운 성장에도 불구하고 아직은 많은 한계점을 노출하고 있다. 최근 저금리 시대와 전 세계적인 코로나19 팬데믹의 지속으로 핑안 그룹의 영업과 경영실적은 고전을 면치 못하고 있다. 아울러 핑안헬스케어 등 생태계 기반의 기술 자회사들도 초기 막대한 투자로 아직 적자를 면치 못하고 있다. 이러한 우려에도 불구하고 시장에서는 전통적 금융 회사인 핑안이 데이터와 기술과 생태계 기반의 비즈니스 모델로 성공적으로 변신한 것으로 평가하고 있다. 5년 연속 세계 브랜드 가치 1위

보험 회사이자 『포춘』 선정 500대 기업 16위 등의 실적이 증명해 주고 있다.

핑안의 성공은 탁월한 기술을 바탕으로 여러 생태계에 축적된 정형과 비정형 데이터를 통합·분석하여 고객에게 가장 적합한 금융상품이나 서비스를 제안하고 추천함으로써 수익을 창출하는 비즈니스 모델을 구축하였기 때문이다. 마이데이터 사업의 성공을 위해 위 문장을 그대로 적용해보면 다음과 같다.

"탁월한 기술을 바탕으로 여러 생태계에 축적된 정형·비정형 데이터를 통합·분석하여 고객에게 가장 적합한 금융상품이나 서비스를 제안하고 추천함으로써 마이데이터 사업은 성공할 수 있다."

핑안의 경영 사례는 마이데이터 사업이 본격화되는 한국의 금융 회사들이 데이터, 플랫폼, 기술, 그리고 애자일한 조직문화를 활용하여 어떻게 비즈니스 모델을 혁신해야 하는지에 관해 힌트를 준다.

4장

아마존, 마이데이터 확장성과 종합 생태계를 보여주다

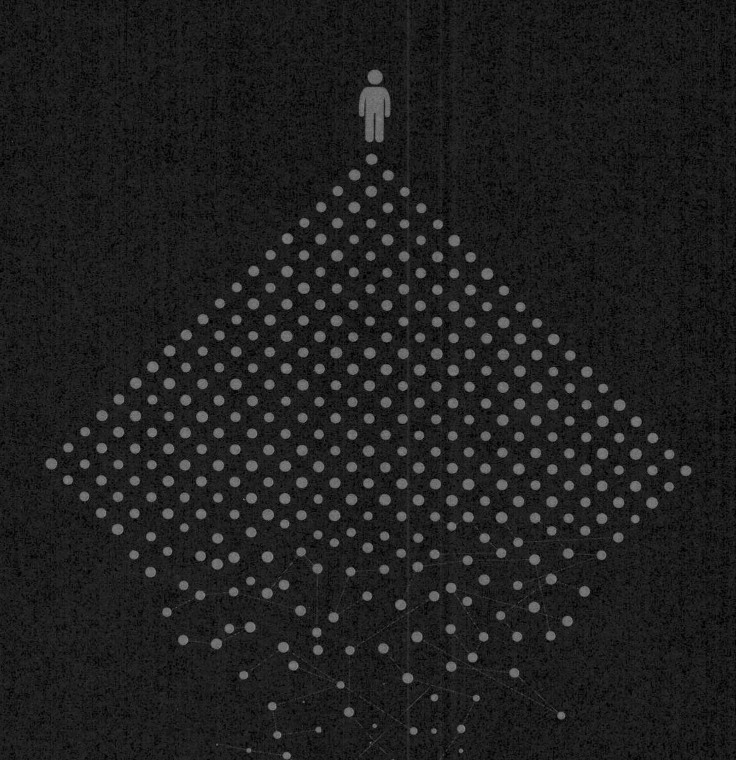

고객경험을 통해 거대 생태계를 구축하다

마이데이터 생태계로 강력한 경쟁력을 갖추다

금융 회사인 핑안은 전통 금융산업을 기반으로 비금융을 포함한 일상생활 플랫폼으로 생태계를 확장하였다. 반면 그 대척점에 있는 비금융 빅테크 기업은 자사의 전통 비즈니스를 기반으로 금융 분야에 그 생태계를 확장해나가고 있다. 우리나라의 네이버나 카카오, 미국의 GAFA, 중국 BAT, 일본의 라인과 라쿠텐 등 내로라하는 글로벌의 빅테크 기업이 그렇게 하고 있다. 금융 회사는 비금융으로 향하고 비금융 빅테크 기업은 금융으로 향하여 뛰고 있다. 금융을 둘러싸고 격전이 벌어지는 중이다. 그렇다고 해서 금융 분야만 그들의 먹거리 경쟁이 벌어지는 것은 아니다. 데이터는 어디에도 존재한다. 따라서 금융뿐만 아니라 수익을 기대할 수 있는 분야라면 언제든지 데이터를 연결고리로 삼아 뛰어들 태세다.

금융 다음으로는 어느 분야일까? 금융 회사나 비금융 빅테크 기업 모두 그다음의 미래 먹거리인 헬스케어, 특히 디지털 헬스케어 분야를 주목하고 있다. 디지털 헬스케어는 개인의 건강과 의료에 관한 데이터, 기기, 시스템, 플랫폼을 다루는 산업 분야이다. 생활습관, 건강검진, 의료이용 정보, 유전체 정보, 인공지능, 가상현실 등의 데이터 분석을 바탕으로 제공되는 개인 중심의 건강관리 생태계이다. 마이데이터 사업에서도 대부분 기업이 금융 다음 사업으로 의료 데이터를 기반으로 한 헬스케어 분야를 준비하고 있다. 금융 분야 마이데이터가 개인에게 맞춤화된 금융 서비스를 지향한다면 의료 분야 마이데이터의 지향점은 초개인화된 맞춤형 건강관리 서비스를 제공하는 것이다.

실제로 중국에서는 핑안과 같은 금융 회사와 빅테크 기업인 텐센트와 알리바바가 원격의료와 헬스케어 시장을 놓고 경쟁하고 있다. 금융 회사와 마찬가지로 결국 빅테크 기업들의 종착역도 금융과 의료 분야가 망라된 생활 플랫폼이며 이에 기반한 종합 생태계이다. 일상생활 플랫폼에 기반한 거대한 종합 생태계를 구축한 대표적인 빅테크 기업은 미국의 아마존이다. 아마존은 자신의 생태계를 활용하여 금융과 헬스케어 영역에 진출하였다. 그들의 진출 사례를 보면 마이데이터 사업의 핵심 경쟁력인 데이터, 플랫폼(생태계), 기술 등이 어떻게 어우러져 비즈니스 모델을 창출하는지 엿볼 수 있다.

우리나라와 동일한 개념으로 마이데이터 사업이 본격화된 해외 사례가 없다. 그러다 보니 나는 많은 빅테크 기업 중 어느 기업을 소개해야 할지 고민하였다. 결국 마이데이터 시대에는 자사 비즈니스 간의 데이터를 연계하거나 자사 데이터와 이업종 간의 데이터를 융합하는 데이터 활용 역량이 가장 중요하다. 나아가 네트워크 효과를 갖는 플랫폼과 이를 기반으로 한 생태계를 가진 기업이 가장 큰 경쟁력을 갖는다. 그런 면에서 아마존은 마이데이터 시대에 가장 강력한 경쟁력을 가지고 있다. 2021년 글로벌 시장조사 연구기관인 칸타Kantar는 아마존의 경쟁력을 수치로 보여준다. 칸타가 발표한 2021년 세계 브랜드 가치 순위에서 아마존은 6,840억 달러(약 811조 원)의 가치로 3년 연속 1위를 차지했다. 그 뒤로 애플이 6,120억 달러(약 726조 원), 구글이 4,580억 달러(약 543조 원)로 각각 2위와 3위를 차지했다.[1]

아마존은 다른 빅테크 기업보다 소비자가 무엇을 구매하는지에 대한 가장 많은 정보를 가지고 있다. 게다가 훨씬 정확한 정보도 확보하였다. 이를 기반으로 한 시장 빅데이터와 고객경험 분석을 통해 고객의 특성을 명확히 알아내고 고객경험을 개선하는 데 탁월하다. 많은 사람이 데이터 마케팅의 모범사례라고 치켜세우는 이유이다.

또한 아마존은 사람이 생활하는 데 없어서는 안 될 가장 다양한 산업을 가진 거대 생태계를 보유하고 있다. 사업 영역에서 확보한 데이터를 기반으로 소매, 유통, 광고, 금융, 의료, 자율자동차, 우주 관광 사업 등으로 아마존의 생태계를 계속 확장하였다. 기술 능력도 가장 뛰어나다. 클라우드를 기술 플랫폼으로 활용하여 외부에 제공하고 인공지능 기술을 비즈니스에 접목하여 시장에 지각 변동을 일으키고 있다. '데이터 기반 추천 알고리즘' '에브리싱 컴퍼니Everything Company형 종합생활 생태계' '인공지능 기술의 대명사 알렉사' 등 모두 아마존을 대표하는 자랑거리이다. 마이데이터 시대에서 아마존은 기업이 가져야 할 핵심 경쟁력인 데이터, 플랫폼, 기술 영역 등에서 가장 탁월한 역량을 갖추고 있다. 아마존 앞에 놓인 장애물이라 한다면 전 세계적으로 강화되는 빅테크 기업들에 대한 규제일 것이다. 그러나 아마존은 그나마 중국 기업에 비해 예측이 가능하다.

그동안 아마존은 전자상거래 등 소매물류업을 뛰어넘어 금융 영역으로 활발하게 진출하였고 최근에는 미래 유망 시장인 헬스케어 영역까지 적극적으로 진출하고 있다. 이 책에서는 아마존이 데이터 기반의 종합 생활생태계를 만들기 위해 금융, 헬스케어 영역에 어떻게 진출하였는지를 다루어 보려 한다. 앞서 소개한 핑안은 전통적인 오프라인 금융 업무로 시작하여 비교적 단기간 내 플랫폼 비즈니스 모델로 혁신하였다. 반면에 아마존은 처음에는 전자상거래 단일플랫폼 비즈니스로 시작하여 점진적으로 통합적 플랫폼 비즈니스 모델을 완성하였다.

핑안과 아마존 모두 종합생활 플랫폼을 통해 고객의 일상으로 파고들었고 다양한 데이터를 활용하여 고객 가치를 창출하고 궁극적으로 생태계 전체에 막대한 시너지를 창출하고 있다.

데이터 인프라가 핵심 경쟁력이다

사람들은 아마존을 일컬어 앞서 말한 것처럼 에브리싱 컴퍼니라고 한다. 아마존의 사업 영역은 전자상거래를 기반으로 크게 리테일, 프라임(유료회원제), 클라우드로 나눌 수 있고 각각의 사업 영역에는 소프트웨어(콘텐츠, 플랫폼)와 하드웨어(디바이스, 기술)를 제공하는 비즈니스가 운영되고 있다. 사업 영역이 서적뿐만 아니라 가전, 생활용품, 콘텐츠, 신선식품 등을 포함하여 모든 것을 파는 '에브리싱 스토어Everything Store'로 성장했다. 나아가 클라우드, 인공지능, 그리고 최근에는 우주 관광에 이르기까지 모든 사업을 영위하는 에브리싱 컴퍼니로 확장하여 아마존만의 종합생활 생태계를 만들어가고 있다. 아마존은 전 세계적으로 3억 1,000만 명의 활성 고객, 1억 명의 프라임 고객, 5,000만 명의 인공지능 스피커 에코Echo 소유자, 500만 명의 아마존 판매자를 보유하였다고 한다.

『포춘』이 발표한 2021년 글로벌 500대 기업 발표를 보면 아마존은 전년도 9위에서 3위(3,680억 달러, 437조 원)로 껑충 뛰어올랐다.[2] 1위 월마트 5,592억 달러(663조 원), 2위 중국 최대 전력회사인 스테이트 그리드 3,866억 달러(459조 원)에 이어 3위이다. 하지만 아마존은 순이익 규모에서 이들 두 기업을 크게 압도하고 있다. 아마존의 순이익은 213억 달러(약 25조 원)인데 월마트는 135억 달러(약 16조 원), 스테이트 그리드는 56억 달러(약 6조 6,000억 원)에 그쳤다. 아마존은 2015년 시가총액으로 월마트를 추월한 데 이어 2021년 12월 28일 기준 1조 7,300억 달러(한화 약 2,053조 원)

에 달하는 글로벌 최대 기업으로 성장하였다.

아마존의 탄생과 성장 이야기는 널리 알려졌을 만큼 유명하다. 간략하게 살펴본다면, 아마존의 창립자인 제프 베이조스는 1994년 미국 시애틀에서 자신의 사비 1만 달러를 털어서 조그마한 사무실에서 온라인 서점을 세웠다. 인터넷을 통한 서적 판매로 사업이 계속 번창하여 3년 후 기업공개를 했고 그 가치는 3억 달러(약 3,559억 원)에 달했다. 제프 베이조스는 닷컴 버블로 위기가 찾아오자 강력한 구조조정을 통해 아마존의 기틀을 다져 2004년 세계 전자상거래 시장에서 매출 1위를 달성하였다. 2005년부터는 구독형 비즈니스 모델인 아마존의 프라임 서비스를 시작하였다.

2006년에는 클라우드 시장과 인공지능 분야가 유망할 것으로 예상하고 지금 아마존의 막대한 수익원이 된 아마존 웹 서비스AWS를 시작했다. 2007년에는 킨들Kindle이라는 전자책 전용 단말기도 출시하였다. 이후에도 동영상 콘텐츠 스트리밍 서비스인 아마존 프라임, 드론 배송을 비롯해서 앞서 언급한 인공지능 스피커 에코, 초고속 배송 프라임 나우, 인공지능 비서 알렉사 등 다양한 분야에서 혁신적인 서비스를 선보이며 시장을 선점하였다.

2017년에는 신선 매장인 홀푸드를 인수하였고 TV 드라마와 영화제작을 위한 아마존 스튜디오 사업도 시작하였다. 2018년에는 세계 최초의 인공지능 무인 편의점을 오픈하여 새로운 유통실험을 하였고 온라인 약국인 필팩Pill Pack을 10억 달러(약 1조 2,000억 원)에 인수하여 헬스케어 산업에도 진출하였다.

아마존의 사업 영역은 금융산업으로도 확장되었다. 간편결제, 단기 자금 대출, 저축과 당좌계좌, 보험 등에 활발하게 진출하여 명실공히 온·오프라인과 B2B, B2C 등 모든 산업을 잠식하는 수준에 이르렀다. 더 나아가 2015년부터는 우주 탐사 기업인 블루 오리진Blue Origin을 창업하여 관광용 우주선 개발에도 발을 내디뎠다. 2021년 7월에는 첫 유인 우주발사체인 '뉴 셰퍼드New Shepard'호를 타고 우주여행에 성공했다. 앞으로 우주항공 사업의 주도권을 놓고 일론 머스크의 스페이스X와도 치열한 경쟁이 예상된다.

이제 모든 것은 데이터로 움직이는 시대가 됐다. 이런 시대에 아마존은 당신에 대해 정말 많이 알고 있다. 2021년에 영국의 BBC 사이트가 소개한 흥미로운 기사를 살펴보자.[3] 아마존의 한 단골이 아마존이 본인에 대해 알고 있는 모든 정보를 공개하도록 요청했더니 다음과 같은 답변이 왔다고 한다. 우선 수백 개의 파일을 응답받았는데 하나의 데이터베이스에는 가족이 가상 비서 알렉사와 가졌던 모든 대화의 복사본이 담겨 있었다.

녹음된 오디오 클립도 제공되는데 딸이 「레잇고Let It Go」를 플레이하고 디즈니의 「겨울왕국」에 열광하는 것도 표시되었다. 침실에 있는 아마존 에코에게 심야 음악을 요청한 것도 있다고 한다. 또한 수년 전부터 아마존 매장 내에서 검색한 어마어마한 제품 검색 기록도 표시되는데 사용했던 기기, 이후에 클릭한 항목 수, 위치를 암시하는 일련의 숫자 등이 나온다고 털어놓았다. 물론 아마존은 이용약관에 따라서 모두 고객에게 동의를 얻었다고 답변하였다고 한다.

정말 놀라울 따름이다. 한마디로 아마존은 고객에 대해 생각했던 것 이상으로 많이 알고 있다. 아마도 거의 모든 B2C 회사들은 경탄과 함께 부러워할 것이고 소비자들은 프라이버시에 대해 심각한 우려를 할 것이다. 창업자 제프 베이조스는 아마존의 최우선 과제를 "고객들이 무엇을 원하는지, 그들에게 무엇이 중요한지 파악하는 것"이라고 말하며 '고객 집착'을 회사의 가장 중요한 프레임으로 삼았다. 바로 그 출발에는 고객에 대한 이러한 방대한 데이터가 근간이 되었다.

구글은 소비자가 무엇을 찾는지에 대한 정보를 가지고 있고 페이스북은 소비자들이 무엇을 좋아하는지에 대한 정보를 가지고 있다. 반면 아마존은 소비자가 실제로 무엇을 구매하는지에 대해 가장 많은 정보를 가지고 있고 또 훨씬 정확한 정보를 보유하였다. 이렇듯 아마존은 구글이나 페이스북보다 소비자 정보를 수직적으로 통합할 가장 강력한 플랫폼을 가지고 있다. 아마존은 이러한 플랫폼을 기반으로 전 세계 5억 명의 고객들로부터 모은 방대한 데이터를 인공지능으로 분석하여 영업에 활용함으로써 경쟁자를 압도하고 있다. 이처럼 온라인 서점으로 시작해 전 세계 유통시장을 장악한 아마존의 성공 전략은 '데이터 분석'으로부터 시작한다.

아마존은 고객경험 혁신을 위해 광범위한 데이터를 적극적으로 활용한다. 아마존만의 성장 모델이 있는데 '플라이휠Fly Wheel' 모델이다. 제프 베이조스가 식사 중 냅킨에 그렸다 해서 일명 '넵킨 스케치Napkin Sketch'라고도 불린다. 시중에서 회자되는 플라이휠 모델은 두 개의 선순환 바퀴로 이루어진다. 이 모델은 고객경험과 고객 증가의 선순환을 통해 기업이 어떻게 성장할 수 있는지 알려준다.

제프 베이조스가 그린 냅킨 스케치(플라이휠 모델)

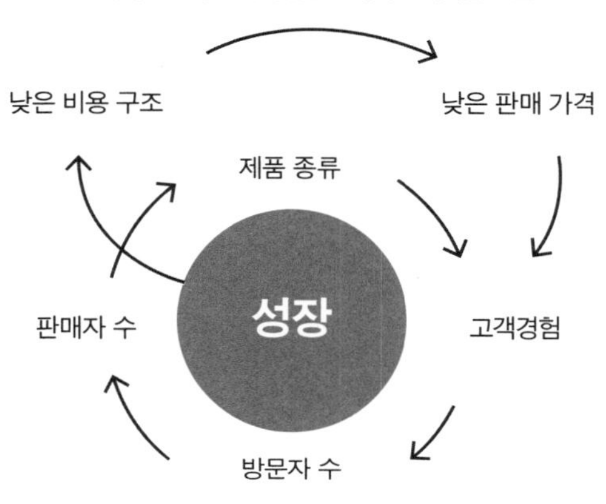

첫 번째 바퀴는 '제품 종류Selection-고객경험Customer Experience-방문자 수Traffic-판매자 수Sellers-제품 종류Selection'의 사이클로 순환하며 이를 통해 회사가 성장한다는 모델이다. 두 번째 바퀴는 '성장Growth-낮은 비용 구조Lower Cost Structure-낮은 판매 가격Lower Price-고객경험Customer Experience'으로 이루어진다. 두 개의 선순환 바퀴에서 모두 고객경험이 강조된다.

고객경험은 아마존이 가장 중요하게 생각하는 핵심 가치관이다. 아마존은 고객경험을 강화하고 개선하기 위해 20년간 플랫폼을 통해 확보한 광범위한 데이터를 활용한다. 이 데이터를 통해 고객경험을 분석하고 자동화 추천을 하고 맞춤형 상품을 제공하고 있다. 아마존은 아마존닷컴 사이트(구매), 킨들(행동), 아마존 알렉사와 에코(음성과 이미지), 아마존고(얼굴 인식), 홀푸드(위치) 등을 통해 빅데이터를 수집한다. 최근에는 금융, 헬스, 드론, 우주산업 등으로 사업 영역이 확장되면서 그 수집 경로가 더욱 다양해졌다. 이렇게 수집된 빅데이터는 인공지능 기술을 활용하여 분석되며 상품추천, 신상품 개발, 사후 서비스 등 다양한 고객경험 혁신을 위해 사용된다. 이렇듯 아마존의 전략은 고객의 다양한 일상생활 정보를 융합하고 분석해서 맞춤형 상품을 자동화 추천함으로써 고객경험을 혁신하는 것이다. 아마도 마이데이터 사업자들이 지향하는 미래 모습을 보는 듯하다.

아마존의 데이터 확보 욕심은 한계가 없는 듯하다. '에브리싱 스토어'라는 모토 아래 전 세계 고객의 데이터를 수집한다. 소비 패턴, 성향, 주거지 등 방대한 정보를 수집하고 있으며 수집한 데이터는 '추천 기반 시스템'을 기반으로 기계가 실시간으로 학습한다. 이 일을 수행하는 것이 '아마봇Amabot'이라는 인공지능이다. 아마봇은 '아마존'과 '로봇'의 합성어인데 아마존닷컴 고객의 행동 데이터 분석 결과를 바탕으로 각 페이지에 상품을 구성하는 역할을 한다. 추천 기반 시스템은 고객이 제품을 검색하는 동안 프로파일을 만든다. 이후 필터링을 통해 유사한 프로파일을 가진 사람들이 구매한 제품을 추천하고 제공한다. 사용자의 구매 내역, 검색 기록, 제품 트렌드, 소셜미디어 언급, 구매 내역이 비슷한 사람들의 취향 등 다양한 데이터들이 활용된다. 아마봇은 이렇게 수집한 고객 행동 빅데이터를 실시간으로 학습하며 학습한 데이터가 쌓일수록 고객이 좋아할 만한 제품을 더 잘 알아내게 된다.

아마존은 또한 맞춤형 상품을 최대한 빠르고 편리하게 제공하기 위해 해당 페이지에 모든 정보가 0.6초 안에 보일 수 있도록 한다. 웹 사이트를 어디에서 닫았는지, 고객이 어떤 부분에서 이탈했는지 등에 대한 고객 목록을 분석한다. 고객이 많이 나간 페이지가 있다면 별도 행동 분석이나 설문조사를 통해 사이트나 콘텐츠를 개선하기도 한다. 실제 아마봇은 다양한 취향을 가진 고객들의 개인화 작업을 통해 매출 상승에 기여했다. 아마존을 방문한 고객의 구매 전환율은 약 13퍼센트로 다른 온라인 쇼핑몰 평균 수치보다 약 2배 정도가 높은 것으로 나타났다.[4]

아마존 에코도 아마존이 고객 데이터를 얼마나 잘 활용하는지 보여주는 좋은 사례다. 아마존 에코는 음성인식 기능이 있는 블루투스 스피커로서 사람의 자연어를 이해하고 거기에 응답하는 기기다. 길쭉한 원통형(높이 235밀리미터×지름 83.5밀리미터)으로 이미 상용화가 많이 되어 고객의 안방과 거실 한구석을 차지하고 있다. 아마존 에코의 초기 버전은 원하는 음악을 틀어주고 날씨나 간단한 일정 등을 질문했을 때 답해주는 기능이 전부였다. 그러나 최근에는 아마존에서의 상품 구매뿐만 아니라 여러 회사와 연합해 다양한 서비스를 제공하고 있다. 물론 여기서 발생하는 모든 데이터는 당연히 아마존에 쌓이고 바로 분석된다. 이러한 데이터가 바로 아마존 기술력의 동력이다.

빅데이터와 인공지능을 이용한 '예측 배송 시스템'도 역시 시장을 선도하고 있다. 아마존은 고객 분석 그리고 제품들끼리의 연관성 등을 연구하고자 통계학, 수학, 컴퓨터공학, 심리학 등 다양한 분야의 전문가 조직을 구성했다. 고객의 구매 내역 분석과 정기적 설문조사를 실시해 고객이 무엇을 좋아할지 예측하고 동시에 상품 검색 기록, 위시리스트, 아이템을 볼 때 얼마나 오래 머물렀는지 등을 연구하여 미래 주문 가능한 상품을 예측하는 알고리즘을 개발하는 데 성공했다.

아마존이 자랑하는 알고리즘은 고객의 마음을 읽는 듯하다. 고객이 아마존을 통해 특정 제품을 탐색하고 있는데 머무는 시간이 평균 시간을 넘어가면 살지 말지 고민하는 상태로 간주한다. 이 과정에서 데이터가 1차로 생성된다. 그 이후 고객의 과거 구매와 반품 내역 등을 살펴본다. 여기서 2차, 3차 데이터가 생성된다. 앞서 언급한 데이터를 병렬화해 이전에 샀던 제품들의 가격이 고객이 머물렀던 상품의 가격과 비슷하다면 고객이 그 제품을 무조건 살 것으로 예측하고 고객 주소지 근처 물류창고로 배송한다. 이는 빅데이터를 활용한 마케팅 사례로 큰 주목을 받았다. 고객의 기존 검색 내역, 찜한 내역, 장바구니 내역, 반품 내역, 그리고 마우스 커서가 머무른 시간 등에 대한 빅데이터를 분석해 예측 배송이라는 인사이트를 실행하는 것이다. 우리나라 소셜커머스 쿠팡 등에서도 이와 같은 분석을 시행하고 있다.

데이터 확장성이 산업의 경계를 무너뜨리다

초개인화된 마이데이터 서비스를 위해서는 이종 산업과의 제휴로 생태계 확장이 필요하다. 핑안이 오프라인 금융사업을 기반으로 비금융을 포함한 개방형 생태계를 구축한 것과 같이 아마존은 이미 오래전부터 소비자와 수직 통합성이 있는 비즈니스들을 연결하여 아마존 생태계를 구축하였다.

아마존은 4대 생태계가 있다. 전통 비즈니스, 오프라인, 아마존 웹 서비스, 미래 비즈니스이다. 아마존은 소매 기업이자 물류 기업, 테크놀러지 기업이자 시스템 기업과 우주산업 기업이다. 인터넷 쇼핑몰, 온라인 서점, 유통, 물류, 식료품, 패션, 정보기술 서비스, 금융, 의약품, 그리고 최근에는 자율자동차와 우주 관광 분야까지 온·오프라인을 넘나들며 플랫폼을 만든 회사는 아마존이 유일할 것이다. 시장을 아마존 방식대로 혁신하여 재편한다는 의미의 '아마존드Amazoned'라는 신조어까지 나왔다.

아마존은 다양한 플랫폼을 기반으로 아마존만의 거대한 산업 생태계를 만들고 있다. 비즈니스에서 생태계란 공급자, 유통업자, 아웃소싱 기업, 운송 서비스 기업, 기술 제조업자가 결합한 상호 의존적인 네트워크를 말한다.[5] 산업 분야에서 여러 기업이 몇몇 리더 기업을 중심으로 경쟁과 협력을 통해 공생하고 함께 발전해나가는 것을 지향한다. 플랫폼을 기반으로 한 생태계를 만들면 방대한 고객을 기반으로 빅데이터도 확보할 수 있고 여러 파트너와 네트워크를 구축하여 더 좋은 품질을 얻을 수 있다. 아울러 참여자가 늘어날수록 시너지가 커지고 혜택도 늘어나게 된다.

삼정KPMG의 자료를 토대로 아마존 생태계는 크게 4개로 분류해볼 수 있다.[6] 우선 첫 번째로는 아마존닷컴과 프라임 비디오를 주축으로 한 전통 플랫폼 사업이다. 아마존닷컴은 전자상거래 플랫폼에 인공지능 기술 등을 연계하여 개인화된 맞춤형 상품을 제공하고 있으며 프라임 비디오를 통해 TV, 영화, 음악, 게임 등 종합 콘텐츠 플랫폼으로 전환하고 있다. 다음으로 두 번째로는 오프라인 사업이다. 아마존고, 아마존 로보틱스, 프라임 에어 등을 통해 전통적인 유통과 물류사업에 혁신적인 기술을 접목하여 기존 시장을 파괴하고 있다. 세 번째로는 아마존 웹 서비스를 기반으로 하는 클라우드 기술 플랫폼이다. 클라우드 위에 애플리케이션을 구축할 수 있도록 인프라를 제공한다. 마지막인 네 번째로는 미래 기반 사업들로 금융, 헬스케어, 자율자동차, 항공우주 사업 등이다. 인공지능을 플랫폼화하여 가전제품과 자율주행차 등에 알렉사를 탑재하였으며 개인들의 재무정보나 의료정보 등을 결합하여 금융과 헬스케어로 진출하고 있다. 나아가 블루오리진, 아마존 웹 서비스, 아마존이 협력하여 미래 주력사업이 될 우주 사업 플랫폼을 만들고 있다. 그야말로 에브리싱 컴퍼니가 되어 아마존만의 거대 산업 생태계가 만들어지고 있다.

아마존은 다양한 플랫폼을 통해 고객과의 접점을 늘리고 여기서 확보한 데이터를 바탕으로 사업을 확장하였다. 또한 아마존 웹 서비스를 기술 플랫폼으로 활용하여 외부에 애플리케이션을 제공하는 클라우드 사업도 크게 성장하는 중이며 새로운 디지털 기술을 사업에 연계하여 고객경험을 혁신하고 있다.

제프 베이조스는 어떤 산업을 아마존의 미래 중점 사업으로 생각하고 있을까? 『베조노믹스』를 쓴 언론인 브라이언 두메인Brian Dumaine은 기존에 아마존이 보여준 행보를 토대로 미래 주력 산업을 예측하였다.[7] 그는 아마존이 펼쳐온 사업 전략과 유사한 방식으로 신사업을 개척할 가능성이 크다고 보고 있다.

아마존의 사업 방식은 세 가지이다. 첫째, 아마존은 새로운 사업을 시작할 때 가격을 낮게 책정하고 손실을 감수해왔다. 둘째, 아마존 내부적으로 쌓아온 역량을 새로운 사업 확장에 활용했다. 셋째, 아마존은 새로운 산업에 진출할 때 비교적 작은 규모의 인수합병을 하였다. 시장에 진출할 때 필요한 기술이나 인재를 선택적으로 가져오는 전략이다. 트위치(온라인 게임 채널), 스타트업 링(디지털 초인종), 필팩(온라인 약국), 홀푸드(신선 채소) 인수가 대표적이다. 그는 이러한 방식으로 아마존이 육성할 미래 새로운 사업 분야로 광고, 운송, 금융, 헬스케어 등 4개의 사업 분야를 꼽았다.

광고는 애초에 관심 밖의 사업이었다. 아마존은 원래 광고를 하지 않았다. 고객을 항상 즐겁게 해야 한다는 제프 베이조스의 확고한 신념 때문이었다. 하지만 지금 아마존닷컴에 들어가 보면 페이지 상단의 광고 제품들을 볼 수 있다. 전문가들은 아마존이 가진 방대한 고객정보 때문에 아마존의 광고 산업은 조만간 기존 광고 시장을 크게 위협할 것이라고 예상한다. 아마존은 이번 달에 누가 어떤 생필품을 구매했고 어떤 브랜드를 더 선호하고 어떤 동영상을 보고 어떤 음악을 즐겨 듣는지 알고 있기 때문이다. 나아가 고객들 자녀의 나이가 몇 살인지까지도 파악할 수 있다. 2023년 아마존의 광고 수익은 약 400억 달러(46조 4,520억 원)에 도달할 것으로 예상된다고 한다.

운송 사업도 아마존의 미래 유망 사업이다. 아마존은 2018년 기준으로 연간 44억 개에 달하는 제품을 발송하고 있다. 이제 운송도 직접 처리할 움직임을 보인다. 2021년 2월 기준으로 아마존은 하루 평균 140편의 물류 항공편을 운항 중이며 점차 규모를 늘리고 있다. 특히 코로나19 팬데믹 이후 여행 수요가 급감하면서 항공기 운임이 내려가자 아마존은 비교적 저렴한 가격에 비행기를 대량으로 사들이는 것으로 알려졌다. 아마존은 2022년까지 85대 이상의 항공기를 운항할 것으로 예상된다. 유피에스UPS(679대), 페덱스Fedex(572대)와 그 격차가 크다. 하지만 미래 아마존의 운송 사업에서의 가능성은 매우 크다. 아마존은 세계 최대의 전자상거래 플랫폼을 보유하고 있으며 엔드 투 엔드END TO END 물류 방식을 활용하기 때문이다.

다음은 금융산업이다. 아마존의 뱅킹 진출이 위협적인 이유는 온라인 쇼핑에서와 마찬가지로 '원클릭 시스템' 때문이다. 고객은 한 번의 클릭으로 은행 업무를 볼 수 있게 되어 더 쇼핑이 편리해진다. 아마존은 신용카드 번호는 물론 주소와 금융 생활의 패턴까지 데이터를 저장하고 수집할 수 있게 된다. 이미 아마존은 '아마존랜딩'을 론칭하여 소규모 판매자들에게 연평균 10억 달러(약 1조 1,865억 원)를 대출하였다. 자금을 확보한 소규모 판매자들은 자연스럽게 아마존 생태계에서 사업을 시작하게 되었다. 아마존은 결제, 송금, 소액 수신 등의 은행 업무를 시작으로 신용대출, 주택담보 대출, 손해보험, 자산관리, 생명보험 등 다른 금융산업에도 영역을 넓혀가고 있다.

마지막으로 헬스케어 사업이다. 아마존은 2018년에 필팩을 인수하여 온라인 약국 사업을 시작하였고 가정용 헬스케어 제품들을 출시하고 있다. 아마존의 인공지능 디스플레이인 에코 쇼Echo Show

와 인공지능 플랫폼인 알렉사 또한 헬스케어 산업에서 원격의료에 큰 도움을 줄 것으로 예상된다. 2021년부터는 시애틀 아마존 본사에 근무하는 직원들을 대상으로 헬스케어 플랫폼 서비스를 시작하였다. 그동안 업종과 산업을 넘나들며 쌓아온 방대한 데이터, 탁월한 분석 역량, 독보적 고객 기반을 바탕으로 아마존이 금융과 헬스케어 시장에서 강자로 떠오르는 것은 시간문제일 뿐이다.

온·오프라인 유통에 금융을 접목하다

방대한 고객과 빅데이터로 금융을 노리다

마이데이터 시대의 도래로 그동안 독점적으로 취급되어 오던 각종 금융정보가 다른 업권에도 개방되면서 금융시장의 경쟁 양상이 달라지고 있다. 여전히 전통 금융 회사에 대한 신뢰도 높지만 소비자들은 빅테크 기업이 강력한 플랫폼을 통해 혁신적 금융 서비스를 제공하기를 기대하고 있다. 나는 아마존이 금융업에 어떻게 진출하고 있으며 그 과정에서 고객경험을 어떻게 혁신하고 있는지 소개하고자 한다.

아마존은 이제 사실상 은행이라 할 수 있다. 3억 명 이상의 고객정보를 기반으로 일찌감치 금융에 발을 내디뎠다. 간편결제 서비스인 아마존페이(원클릭)부터 아마존 내에서 현금처럼 사용 가능한 선불 계좌인 아마존캐시(실질적 예금)와 아마존 입점 업체를 대상으로 한 단기 자금 대출 서비스인 아마존랜딩(대출)도 출시하였다. 은행의 핵심 업무인 예금과 대출업무 등을 사실상 수행하고 있는 셈이다. 아마존은 금융 분야 진출을 통해 주력인 전자상거래 플랫폼에서 형성한 네트워크를 기반으로 이용자의 서비스 접근성을 높이고 축적된 데이터를 분석해 개별화된 금융 서비스를 제공하려고 한다.

앞서 애기했듯이 빅테크의 금융 진출 방식은 크게 금융 회사로서 당국으로부터 인가를 받는 방식과 인가 밖에 머무르는 방식으로 구분한다. 아마존을 포함한 미국의 GAFA는 금융법상 규제환경과 플랫폼으로서의 특성에 비추어 인가방식보다는 기존 금융 회사와의 파트너십을 활용하여 금융에 진출하고 있다.[8]

아마존이 금융산업에 진출하는 중요한 이유 중의 하나는 바로 데이터이다. 일본의 경영 컨설턴트 다나카 미치아키Tanaka Michiaki의 저서 『아마존 미래전략 2020』에서는 아마존이 왜 홀푸드나 아마존고와 같은 오프라인 사업에 진출했는지를 빅데이터 관점에서 흥미롭게 썼다.[9] 다나카 미치아키는 "아마존이 물류 인프라를 강화할 목적도 크겠지만 빅데이터 관점에서 보면 오프라인에서의 구매 데이터를 통해 고객의 위치 데이터를 수집하는 것이 더 큰 목적이었을 것이다."라고 밝히고 있다. 고객의 행동 범위, 위치, 시간대별 데이터 정보가 수집되면 고객에 대해 정교한 프로파일링이 가능하기 때문이다. 오프라인 사업진출을 통해 그동안 취약했던 고객의 위치 정보를 강화하여 궁극적으로는 개인화된 맞춤형 서비스를 제공할 수 있는 기반을 마련했다고 볼 수 있다.

나 역시 아마존의 금융 진출 이유도 이와 유사하다고 생각한다. 아마존은 방대한 소비나 지출 데이터들을 보유하고 있는데 고객의 재무 정보가 없어 그동안 개인에 대한 인사이트를 얻기가 어려웠다. 하지만 금융 업무에 진출함으로써 고객의 재무나 신용정보까지 확보하는 게 가능해졌다. 이를 통해 기존 사업에서 축적한 대규모 데이터와 결합하여 새로운 상품과 서비스를 출시하는 등 기존 사업을 강화할 수 있다. 또한 기존 소비 데이터와 금융에서 수집된 신용기록, 담보, 대출 현황 등을 연계하면 신용평가 모델 만들기가 더욱 정교해진다. 나아가 금융 데이터를 활용하여 고객의 소비와 저축 습관을 동시에 파악하여 적절한 시기에 필요한 제품을 정교하게 광고 타깃팅을 할 수 있다. 그럼으로써 전자 상거래 이용자 수를 증가시키고 상품 구매를 촉진하는 효과까지 거둔다. 이외에도 기존 사용자에게 이벤트가 발생할 때마다 필요한 금융 서비스를 부가적으로 제공하여 고객 충성도를 높이고 기존 비즈니스는 더욱 강화하는 등 데이터의 확장성은 매우 크다. 우리나라 빅테크 기업이 금융 마이데이터 사업에 뛰어드는 이유도 비슷하다.

아마존의 이러한 일련의 행보를 봤을 때 은행업에 뛰어들면 어떻게 될까? 아마도 가장 위협적인 존재가 될 것이다. 베인앤드컴퍼니는 고객의 금융거래와 관련해 충성도와 신뢰도를 조사하였다. 조사 결과에 따르면 기존의 주거래은행이 여전히 가장 높은 고객 충성도를 확보하고 있다고 한다. 그런데 비금융 회사 중에서는 아마존이 다른 빅테크보다는 신뢰도가 훨씬 높은 것으로 조사되었다. 아마존이 은행업에 진출한다면 방대한 고객 기반과 인공지능 맞춤형 서비스를 통해 5년 내 웰스 파고Wells Fargo 수준의 고객 수에 도달할 것으로 전망하였다.[10]

아마존은 강력한 콘텐츠와 플랫폼을 경쟁력으로 방대한 고객과 빅데이터를 축적해왔다. 그동안 이러한 강점을 토대로 새로운 사업 영역을 구축하는 데 매우 혁신적이기 때문에 기존 금융 회사는 긴장하지 않을 수 없다. 아마존의 시장 영향력은 막강하다. 따라서 글로벌 금융 회사들도 아마존과 제휴나 협력을 확대하고 있다. 이러한 현상에 비추어볼 때 머지않은 미래에 아마존이 은행, 보험, 증권 등의 상품을 플랫폼을 통해 중개 판매하고 자문으로까지 서비스를 확대할 가능성도 있다는 분석이 나왔다. 국내 금융권도 역시 아마존을 주목하고 있다. 아마존이 가는 길을 국내 빅테크 기업들도 따라가는 경향이 있기 때문이다. 네이버 파이낸셜, 카카오페이, 토스가 진출한 결제 및 대출 비교 등의 서비스는 아마존의 방식과 비슷하다.

아마존페이, 음성결제, 아마존고로 편리함에서 앞서 나가다

아마존은 은행업 면허를 취득하지 않더라도 금융을 복제하여 아마존페이를 통한 캐시리스 결제의 선두에 서 있다. 아마존의 비약적 성공에는 소비자의 마음을 사로잡은 '원클릭 시스템'이 있다. 원클릭은 버튼을 한 번만 누르면 주문과 결제가 즉시 이루어지는 시스템이다. 아마존은 창업 3년 만에 원클릭 시스템을 만들었고 1998년에 기술 특허를 받았다.

소비자들은 자신의 아마존 계정에 신용카드 정보만 입력해두면 바로 원클릭을 이용하여 쇼핑할 수 있게 되었다. 종전에 여러 창을 넘나들며 개인정보를 여러 번 입력해야 하는 불편함을 없앤 것이다. 제프 베이조스가 주장해왔던 새로운 고객경험을 기술로 보여준 것이다. 주문과 결제가 즉시 이루어지니 그 편리함 덕분에 주문은 폭증했다. 아마존의 매출은 급성장하게 되었다.

아마존페이는 2007년에 서비스를 시작하였다. 아마존 사이트는 물론 다른 사이트에서도 아마존페이로 결제와 배송 서비스가 가능하다. 특히 아마존 이외의 전자상거래 사이트에서는 아마존 계정으로 로그인하고 들어가면 이미 등록된 주소, 신용카드, 은행계좌 등의 결제 방법을 사용하여 편리하게 구매할 수 있다. 다른 구매 사이트 업자들도 아마존페이와 제휴함으로써 매번 결제정보를 받아야 하는 애로사항을 없앨 수 있어 큰 호응을 얻고 있다. 아마존페이의 사용자 수는 2016년 170개 나라 3,300만 명에서 최근에는 5,000만 명 이상으로 크게 증가한 것으로 알려지고 있다. 2017년 이후에는 온라인뿐만 아니라 오프라인 점포들에 대해서도 결제 서비스를 확대하였고 QR코드 결제도 가능하게 되었다.

아마존페이를 통해 고객은 모바일에서 한 번 또는 두세 번 클릭으로 상품을 구매할 수 있게 되고 아마존의 판매자들은 은행과 카드사에 내는 수수료를 절약할 수 있게 되었다. 결국 이러한 고객 편리성과 셀러들의 수수료 절감을 통해 고객과 판매자들의 충성도를 높일 수 있으며 고객 이탈을 막는 잠금 효과를 거둘 수 있게 되었다. 나아가 고객의 소비 행태와 금융 결제 데이터를 방대하게 확보할 수 있는 기반을 마련하였다. 아마존페이는 웹, 모바일, 사물인터넷 장치를 기반으로 사용처를 온라인 상거래에서 아마존고를 포함한 오프라인 채널로 점차 확장해 나가고 있다.

아마존은 아마존페이 외에도 인공지능 등을 활용한 음성 결제 영역에서도 앞서 나가고 있다. 음성 결제는 입력하거나 버튼을 누를 필요 없이 다른 일을 하면서도 편하게 사용할 수 있어 미래가 유망한 사업이다. 아마존은 인공지능 스피커 아마존 에코를 통해 아마존 프라임에서 파는 모든 상품을 음성으로 주문할 수 있게 하였다. 휴대전화가 지문을 인식하는 것처럼 인공지능 스피커가 목소리를 식별해 결제를 진행한다. 2020년에는 가정용 기기와 자동차에 이어 주유소까지 아마존 에코를 통해 결제를 시작하였다. 고객이 주유소에서 "알렉사, 기름값 좀 계산해줘."라고 이야기하면 알렉사가 주유소 위치와 주유 펌프 번호 등을 확인하여 결제를 진행한다. 결제는 아마존페이를 통해 처리된다.

세계 최초 무인 매장인 아마존고에서도 매장 내 자동 인식과 결제시스템이 작동된다. 소비자가 매장 입구에서 애플리케이션을 실행하고 바코드를 스캔하면 매장 내에 있는 수백 개의 센서가 쇼핑목록을 인식하여 자동 결제하게 된다. 그럼 아마존고가 어떻게 작동되고 어떻게 결제가 이루어지는지 간단히 알아보자. 우선 고객이 아마존고 매장에 입장하면 매장 곳곳에 비치된 마이크와 카메라 센서가 고객의 미세한 움직임을 감지한다. 고객의 손이 선반에

닿자마자 카메라가 연속 촬영해 어떤 물건을 선택했는지 확인할 수 있다.

고객이 특정 제품을 들면 카메라로 이미지를 분석해 제품 정보를 수집하고 선반의 줄어든 무게와 압력 센서를 통해 제품을 재확인한다. 고객이 어떤 상품을 선택했는지 자동으로 감지하면 앱에 연결된 신용카드로 비용을 청구하고 반품과 환불도 앱을 통해 가능하다. 자동 개찰기에 스마트폰을 갖다 대고 아마존 아이디를 인증한 뒤에 진열대에서 상품을 골라 나오면 끝이다. 아마존고에서 나오면 자동으로 결제되어 스마트폰에 영수증이 송신된다.[11]

아마존은 고객이 물건을 사고 계산하고 결제하는 데 느꼈던 고민과 스트레스를 사물인터넷, 빅데이터, 그리고 인공지능의 조합을 통해 해결해버렸다. 디지털 기반의 아마존이 기존 금융권에 위협적인 이유는 결국 이러한 혁신적인 '고객경험' 때문이다. 아마존고는 2021년 3월 기준 미국 시애틀, 뉴욕, 시카고 등 26개 매장에서 운영 중이다. 아마존의 금융 혁신 사례는 초기 마이데이터 사업 성공을 고민하는 우리 기업들에 고객경험 혁신만이 답이라는 사실을 다시 한번 상기시켜주고 있다.

비금융 데이터 기반으로 대출 방식을 혁신하다

아마존 대출은 여타 금융권과 다르다. 아마존이 플랫폼을 통해 제공하는 금융은 쉽고 빨라서 더욱 편리하다. 이들은 엄격한 담보

주의를 바탕으로 하는 기존 은행과 다르다. 아마존이 제공하는 아마존랜딩은 빅데이터와 인공지능 분석을 통해 개인과 기업의 본질적인 신용 상태를 파악한다. 그럼으로써 그동안 대출 사각지대에 있었던 자영업자들에게도 최적화된 대출 서비스를 제공한다.

아마존은 2011년 아마존랜딩을 통해 기업 대출 시장에 진출하였으며 2018년 말 기준 누적 대출금액이 50억 달러(약 5조 9,325억 원)를 넘어선 것으로 알려졌다. 아마존이 대출사업을 하면 유리한 점이 있다. 우선 기존 사업에서 유입되는 막대한 현금을 기반으로 하기 때문에 대출사업을 위해 추가적인 비용을 들여 외부에서 별도의 자금을 조달할 필요가 없다. 또한 규모의 경제, 높은 브랜드 인지도, 상대적으로 느슨한 규제 수준 등에 힘입어 다른 금융 회사보다 더 수월하게 대출사업을 확대할 수 있다.

아마존랜딩은 일반인들 대상으로 여신을 취급하지 않는다. 아마존 생태계의 판매자Third-party merchants를 대상으로, 그것도 아마존이 선정하는 기업Invitation Only들만을 대상으로 대출 서비스를 제공한다. 판매자에게 단기 운전자금 지원으로 비즈니스를 지원해 로열티를 높여나가 생태계의 질을 높인다는 전략이다.

아마존랜딩은 판매자의 신용을 심사할 때 부동산 담보나 사업계획서를 보지 않고 기존에 보유한 빅데이터에 기반하여 심사한다. 대출 조건은 판매실적, 판매 제품군, 소비자의 구매 피드백, 배송조건, 결제 데이터, 판매 및 재고상황 등을 보고 책정한다. 이렇듯 축적된 빅데이터를 기반으로 한 신용심사는 대출자의 본질적인 신용 상태를 알 수 있어 신용위험도 최소화할 수 있다.

좀 더 자세히 대출 절차를 알아보자면 그동안 거래 이력과 판매실적에 기초하여 아마존이 초청하는 판매자를 대상으로 이루어진다. 아마존은 판매자의 개인정보와 고객 및 판매정보 등을 다 가지고 있다. 따라서 초청받은 판매자는 지원서만 제출하면 된다. 대출 한도는 통상 1,000~750,000달러(약 120만~ 8억 9,000만 원)이며 3개월에서 1년을 대출 기간으로 한다. 대출 상환은 고정 금액을 상환하는 것이 아니라 수입의 일정 퍼센트를 아마존이 가져가는 방식이다.

아마존은 대형은행과 제휴하는 윈윈 전략도 적극적으로 펼치는 중이다. 2020년에 아마존은 골드만삭스와 제휴하여 대출을 확대하였다. 골드만삭스의 온라인 은행인 마커스를 통해 아마존의 판매자들은 최대 100만 달러(약 12억 원)까지 대출받을 수 있다. 누구에게 어떤 조건으로 얼마를 대출할지는 골드만삭스가 판매자의 판매 이력과 판매 기간 등을 고려하여 결정한다. 아마존은 판매자에 대한 데이터를 골드만삭스에 넘겨주는 대신에 소상공인 대출사업을 규제 의무 없이 확장하고 리스크도 줄여나갈 수 있게 되었다. 아마존의 자체 판매자들(약 2만여 명) 대상의 대출 서비스는 아직 크지 않은 규모이나 아마존이 향후 더 많은 데이터와 역량을 투입하여 사업을 확장한다면 기존 시장을 위협할 정도의 위력을 보여줄 것으로 보인다.

금융시장에 가장 강력한 라이벌이 되고 있다

아마존은 은행계좌가 없는 고객을 끌어모으기 위해서 아마존캐시를 도입했다. 미국연방예금보험공사FDIC에 따르면 미국에서 은행계좌가 없는 사람은 3,350만 가구에 이른다고 추정한다. 이들은 아마존캐시가 생기기 전까지는 인터넷 쇼핑몰을 이용할 수 없었으나 은행계좌나 전화번호가 없어도 계정을 만들 수 있게 되었다. 아마존은 새로운 고객층을 확보하는 길을 스스로 만들어냈다.

아마존캐시는 2017년 4월에 출시되었다. 젊은 층 또는 은행계좌나 신용카드가 없는 고객들을 대상으로 하는 선불 충전 서비스이다. 별도 수수료 없이 바코드를 이용하여 현금을 디지털 계정에 입금하고 온라인에서 구매하는 게 가능하다. 약국이나 식료품점 등 전 세계 약 3만 여 개의 제휴를 맺은 점포(2019년 기준)에서 실물 카드 대신 디지털 방식으로 사용할 수 있다. 청소년 대상으로 한 애플리케이션 그린 라이트 파이낸셜Green light Financial을 이용하면 부모가 설정한 주기로 현금이 적립되며 자녀의 지출 내용을 관리할 수도 있다. 아마존캐시는 인도와 멕시코 등 해외에서 새로운 고객을 확보할 수 있는 수단도 될 전망이다. 인도에서 은행계좌가 없는 사람은 약 1억 9,000만 명이며 멕시코에서도 계좌를 가진 성인은 전체의 37퍼센트에 불과하다고 한다.

아마존의 기프트 카드Amazon Gift Card는 아마존, 각종 편의점, 다른 온라인에서 사용할 수 있는 카드형 상품권이다. 기프트 카드는 스마트폰에 일련번호를 입력하면 현금처럼 사용이 가능하도록 포인트를 적립할 수 있다. 금액 충전뿐만 아니라 선물로도 줄 수 있으며 캐시백까지 적용되어 포인트 보상까지 받을 수 있다. 이외에도 아마존은 스토어 카드, 신용카드, 체크카드 등을 출시하여 고객들에게 다양한 환급 혜택을 제공하고 있다. 아마존캐시와 아마존의 기프트 카드는 선불 충전 기능이 있어 넓은 의미로 은행의 수신(예금) 기능을 갖춘 셈이다. 더구나 금리는 아니지만 포인트를 지급하기 때문에 실질적인 이자 기능도 하고 있다.

아마존은 보험의 영역에도 진출하였다. 아마존 보장Amazon protect은 아마존에서 팔고 있는 제품의 고장, 손상, 도난을 보장하기 위해 출시되었다. 영국에서 보험사와 제휴하여 최초로 판매되었고 다른 유럽연합 국가와 미국으로도 확대되었다. 아마존 웹 사이트에서 제품을 구매하면 보험 구매가 가능하며 제품을 받은 후 2~5년까지 보장을 받을 수 있다고 한다. 2018년 아마존은 인도의 자동차보험 회사인 아코Acko에도 투자하여 해외까지 서비스 제공범위를 넓히고 있다.

아마존의 금융 진출은 더욱 가속화될 것이다. 아마존은 정식 금융 회사로 인가받은 것은 아니지만 금융의 전 영역에 걸쳐 진출하여 사실상 모든 금융 업무를 수행하고 있다. 아마존페이로 결제 업무를 하고 아마존랜딩으로 대출 업무를 하고 아마존캐시와 기프트카드로 예금 업무를 하고 있다. 은행의 3대 핵심 업무인 결제, 예금, 대출 업무 기능을 모두 갖추었다. 나아가 가장 진입하기 어려운 보험 업무도 수행하고 있으며 자산관리 분야 진출까지 준비하고 있다고 한다. 금융시장에서는 결제, 은행, 카드, 보험 등 모든 금융업무 수행이 가능한 강력한 라이벌이 등장한 셈이다.

앞서도 언급했듯이 현재까지 아마존은 한국, 중국, 일본의 빅테크 기업들처럼 별도의 금융 회사를 직접 설립하지는 않았다. 미국의 GAFA는 규제 환경상 산업자본으로 구분되어 은행 보유가 곤란하기 때문이다. 아마존으로서도 굳이 은행 인가를 받을 이유도 적다. 은행 인가로 플랫폼에서 자사의 금융상품을 판매하게 되면 고객의 신뢰가 떨어져 플랫폼의 정체성을 잃게 될 우려가 있다. 또한 파트너십을 활용한 언번들링 방식의 금융 진출로 엄격한 규제를 피해 나갈 수도 있다. 실제로 아마존은 JP모건과 버크셔 헤서웨이 등 기존 금융 회사와 파트너십을 맺고 지급 서비스, 대출, 카드, 선불 충전, 보험 등 금융 서비스를 제공하고 있다.

아마존의 이러한 금융 진출은 최근 강화되는 빅테크 규제에도 불구하고 최근 금융 데이터 공유와 이전이 활발하게 촉진되고 있어 데이터를 기반으로 하는 아마존의 사업 환경은 더욱 유리하게 조성될 듯하다.

온·오프라인 유통에 헬스케어를 접목하다

혁신적 기술로 헬스케어와 의료 혁신을 꾀하다

금융산업 다음으로 미래 기업 간 치열한 경쟁이 벌어질 격전지는 헬스케어 산업이다. 과거 치료 위주와 병원 중심의 의료 서비스가 예방과 관리 목적으로 전환되고 코로나19로 인한 비대면 진료에 관한 관심이 높아지면서 디지털 헬스케어의 중요성은 매우 높아지고 있다. 데이터 측면에서 보면 신용 상태를 알 수 있는 금융 정보와 함께 건강한 삶을 위한 건강 관련 데이터가 일상생활에서 필수적이기 때문에 관심이 크다. 우리나라 마이데이터 사업자들이 금융을 시작으로 헬스케어 분야에도 눈독을 들이는 이유이다. 아마존 역시 빅테크 기업 중 가장 적극적으로 헬스케어 산업에 뛰어들고 있다. 금융 진출에서와 마찬가지로 병원 방문 불편을 없애고 진료비를 줄이는 등 디지털 기술에 기반한 고객경험 혁신으로 헬스케어 산업을 뒤흔들 전망이다.

헬스케어 시장은 미래의 유망시장으로 꼽힌다. 2019년 미국 헬스케어 시장 규모는 3조 7,000억 달러(약 4,390조 원)로 전자상거래 시장 규모의 6배가 넘는다. 특히 미국은 노인 인구 비중이 경제협력개발기구OECD 국가들의 평균 대비 약 2배 정도가 된다고 한다. 아마존, 애플, 구글 등 글로벌 빅테크 기업들이 헬스케어 시장에 주목하지 않을 수 없다. 최근 의료기록의 디지털화도 헬스케어 산업 성장에 크게 기여하였다. 의료 서비스는 금융이나 소매와 같은 데이터 집약 산업과 비교해 디지털화가 매우 느렸던 게 사실이다. 그러나 최근 연방정부의 기술 장려금 지원 등으로 병원의 전산화와 디지털화가 크게 개선되었다고 한다.

아마존이 헬스케어 시장에 진출하는 이유 역시 헬스케어가 미래 유망 성장산업이 될 것으로 예상하기 때문이다. 특히 고령화로 인한 의약품 수요가 증가하리라고 예측할 수 있다. 또한 헬스케어 시장의 디지털화도 급속히 진행되고 있어 아마존의 전자상거래에서의 경험을 헬스케어 분야에도 바로 접목할 수 있다.

아마존이 각종 금융을 언번들링하고 인수합병을 통해 성장해 온 것처럼 헬스케어 분야에서도 예외는 아니다. 1999년 아마존은 온라인 일반의약품 판매사인 드럭스토어drugstore.com를 지분 40퍼센트로 인수하며 일찌감치 헬스케어 시장에 진출했으나 사업 부진이 이어지며 2011년 다시 지분을 매각했다. 하지만 2017년 미국 12개 주에서 의약품 유통 라이선스를 획득한 이후 2018년에는 온라인 약국 필팩 인수를 통해 다시 헬스케어 시장에 참여하였다. 2019년에는 디지털 헬스케어 스타트업 헬스네비게이터Health Navigator를 인수하여 헬스케어 산업 진출을 서두르고 있다.

아마존이 헬스케어와 의료산업에 진출할 때 파괴력은 어느 정도일까? 아마존이 의약품 유통 사업을 하게 되면 환자나 처방 데이터 등의 정보를 확보하여 빅데이터 구축에 활용할 수 있다. 또한 클라우드 사업을 통해 의료 데이터를 수집하고 공유하며 공개하는 것도 가능해진다. 게다가 음성인식 기술에 기반하여 가정, 병원, 의료기관 등에서 환자를 치료할 때 알렉사와 에코도 도움이 된다. 아마도 가까운 미래에는 아마존의 클라우드와 연결된 알렉사가 의사의 수술 준비를 도울 수 있으며 환자의 의약품 복용 기록을 확인할 수 있을 터이다. 나아가 에코에 디스플레이를 장착하여 시청각 정보도 볼 수 있게 될 것이다. 이러한 혁신적 기술을 통해 헬스케어와 의료 분야의 자동화와 물류 혁신이 일어나고 연이어 의료체계, 의료비용 등에 대한 파괴적 혁신이 일어날 전망이다.

아마존이 스마트 헬스 분야에서 두각을 나타낼 가능성은 매우 크다. 실제로 병원을 대상으로 한 설문조사에 따르면 향후 헬스케어 분야에서 가장 영향력이 클 것으로 보이는 기업으로 응답자의 59퍼센트가 아마존을 꼽았다고 한다.[12]

건강관리 구독 서비스를 론칭하다

2020년 8월 아마존은 원격으로 건강관리와 상담을 제공하는 멤

버십 구독 서비스 '헤일로Halo'를 출시하였다. 아마존은 헤일로밴드라는 웨어러블 기기를 활용하여 운동 등 사용자의 행동을 추적한다. 헤일로 서비스는 단순히 몸무게나 체질량지수를 알려주는 것을 넘어서서 클라우드 서비스(아마존 웹 서비스)와 인공지능 등을 연계하여 체지방이나 목소리 톤까지 분석해준다. 헤일로 앱이 안내하는 대로 전신을 촬영하면 신체는 3D 모델로 촬영되며 이때 의사가 사용하는 방법만큼 정확하게 체지방이 측정된다.[13] 모두 컴퓨터 비전과 머신러닝 기술이 포함된 인공지능 기술로 운영되며 걸음 수, 수면 모니터링, 음성도 분석해준다. 나아가 체지방을 효과적으로 관리하기 위해 운동이나 건강 활동을 제안한다. 수면 습관 역시 분석해 더 효율적이고 깊은 수면을 위한 효과적인 휴식 프로그램도 제공한다.

헤일로는 선택기능으로 음색 탐지Tone기능을 추가하였다. 이를 통해 조만간 인간의 감정을 인식할 수 있는 음성인식 웨어러블 기기 개발도 가능해질 것으로 보인다. 아마존은 개인정보보호를 위해 신체 스캔 이미지는 처리 후 클라우드에서 자동으로 삭제되고 신체 데이터를 내려받거나 삭제할 수 있는 권한은 사용자에게 있다는 점을 강조하고 있다. 이는 마이데이터가 개인의 데이터 주권을 강조하는 것과 맥락이 닿는다. 그리고 아마존이 스마트 워치를 통한 본격 건강관리 사업에 뛰어들었기 때문에 애플의 애플워치와 경쟁이 더욱 뜨거워질 것으로 보인다.

아마존의 헤일로 서비스

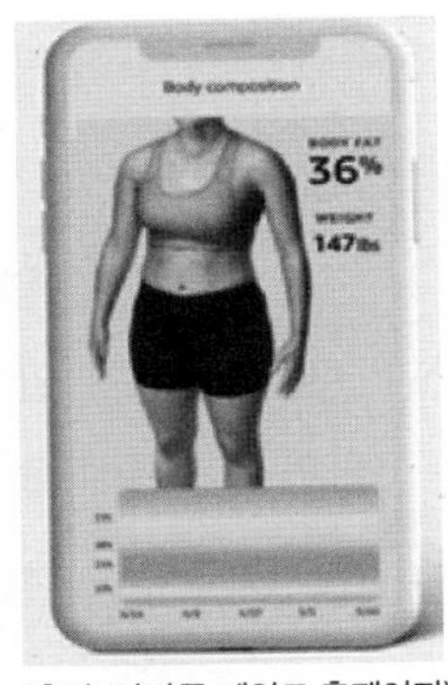

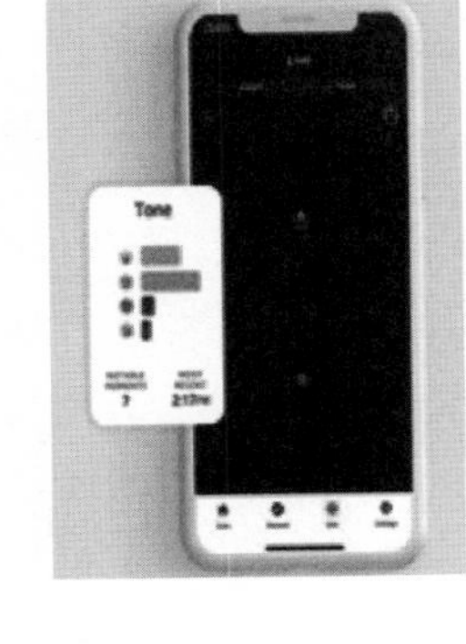

(출처: 아마존 헤일로 홈페이지)

병원 방문이 필요 없는 온라인 약국을 운영하다

아마존은 현재 진입장벽이 높은 의약품 유통 사업에도 적극적으로 뛰어들었다. 2018년 6월 온라인 약국 필팩을 약 10억 달러(약 1조 1,864억 원)에 인수했으며 미국 50개 주에서 온라인으로 의약품을 유통할 수 있는 허가를 취득했다. 필팩은 매일 투약이 필요한 환자들에게 정확한 양의 약품을 포장하여 배송하는 사업을 하고 있다. 약을 정기구독 형태로 복용하게끔 도와주는 서비스인 셈이다. 한 달에 한 번씩 약 봉투를 넣은 상자 꾸러미가 집에 배달되고 그 안에 매일 복용할 약과 아스피린, 호흡기, 크림 같은 것이 포함되어 있다. 고객은 필팩 사이트로 들어가 주치의, 보험사 정보와 함께 복용하는 약 리스트만 제공하면 된다. 처방을 받을 때마다 약국에 들러 대기해야 하고 또 리필이 필요할 때 다시금 약국에 들러야 하는 불편이 없어진 것이다. 아마존은 기존 약국들이 해결해주지 못한 고객들의 페인 포인트를 발견하였다.

필팩은 주문부터 배달까지 자체 운영시스템인 '파머시 오에스Pharmacy OS'를 이용한다. 이는 필팩이 만든 환자 맞춤형 정보관리 플랫폼으로 사용자에게 정량의 약을 맞춤형으로 관리할 수 있도록 도와준다. 본사에는 로봇을 설치해 고객의 의료 데이터에 따라 자동으로 약을 분류해주고 처방전을 확인하는 업무를 수행한다. 또한 인공지능의 딥러닝 기술을 활용해 100만 명에 달하는 고객의 약이 필요한 시점과 배송을 자동으로 관리한다. 필팩의 대시보드는 고객이 복용하는 약의 모든 정보를 알려주고 장기 복용환자에게는 주치의와 상의한 뒤 자동으로 약을 배송한다. 아울러 24시간 300여 명의 약사가 대기하여 고객의 궁금증을 상담해준다.

아마존이 거액을 들여 필팩을 인수한 이유는 크게 두 가지이다. 첫째, 필팩이 미국 50개 주에서 약국 면허를 소지했기 때문이다. 의료법, 약사법 등 관련 규제가 엄격한 미국에서 아마존이 단기간 내 헬스케어 사업에 참여하기 위해 꼭 필요한 인수합병이었다. 둘째, 필팩이 온라인 약국이기 때문이다. 미국 처방 약 시장의 온라인 유통 성장성을 크게 본 것이다. 필팩의 온라인 약국 노하우와 아마존의 오프라인 인프라인 홀푸드, 아마존고, 배송 시스템 등이 합쳐지면 처방 약 유통시장에서도 시너지가 클 수밖에 없다. 2019년에 아마존은 필팩에 아마존이라는 브랜드'필팩 바이 아마존 파머시PillPack by Amazon Pharmacy'를 붙였고 2020년에는 캐나다, 영국, 호주 등에서도 상표를 출원했다. 향후 필팩과 자체 유통망을

필팩의 주요 서비스 예시

시간별로 필요한 약을 구분하여 포장

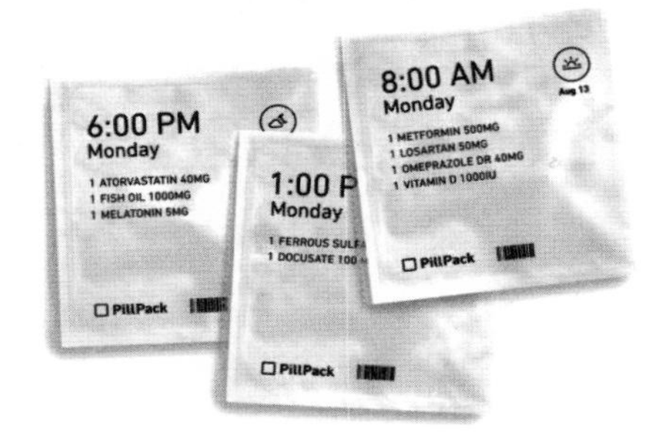

매월 필요한 처방약·일반의약품 배송

4 Prescriptions

Levothyroxine 88mcg Tablets, Qty 30, RX#04001134, BY: JOHN MILLER	Take 1 tablet by mouth daily.
Atorvastatin 40mg Tablets, Qty 30, RX#06006471, BY: JOHN MILLER	Take 1 tablet by mouth daily.
Omeprazole 40mg Capsules, Qty 30, RX#06006432, BY: JOHN MILLER	Take 1 tablet by mouth daily.
Losartan 50mg Tablets, Qty 30, RX#06006443, BY: CARLA WHITE	Take 1 tablet by mouth daily.

3 Non-Prescriptions

Melatonin 5mg Tablets, Qty 30

Fish Oil 1000mg Capsules, Qty 30

Vitamin D3 1000 IU Tablets, Qty 30

(출처: 필팩 홈페이지)[15]

연계하여 온라인 형태의 처방 약 유통 플랫폼으로 진화할 가능성이 매우 클 것으로 전문가들은 예상한다.

아마존이 필팩을 인수한 이유는 그 외에 또 있다. 그동안 보유하지 못했던 개인의 진료나 처방 정보 등을 확보하여 빅데이터 역량을 확장하려는 것이다. 데이터 기업으로서 어쩌면 당연한 인수의 배경이라 할 수 있다. 최근 아마존은 아마존 프라임 회원들에게 처방 의약품 배송 서비스를 시작하였다. 필팩을 활용하여 프라임 회원들의 혜택을 늘려 고객 로열티를 높이고 있다.[14]

원격의료, 배송, 방문 진료까지 아우르는 종합 헬스케어 생태계를 꿈꾸다

글로벌 리서치 기관 스태티스타Statista의 발표에 의하면 세계 원격의료 시장은 2018년 270억 달러(약 32조 원)에서 2022년에는 410억 달러(약 49조 원) 규모로 아주 커질 것으로 전망했다.[16] 처방전 온라인 배송 사업에 이어 아마존은 당연히 원격의료 시장에도 진출할 것으로 보인다. 그러기 위해 아마존은 2019년 헬스케어 스타트업인 헬스네비게이터를 인수하였다.

헬스네비게이터는 원격의료와 의료용 챗봇 등 의료와 헬스케어 서비스용 표준화된 전송 시스템API을 개발하는 업체이다. 특히 원격진단을 통해 의사와 환자를 연결해주는 플랫폼을 제공한다. 이를 통해 환자의 증상을 점검해 주고 환자가 집에 있어야 할지, 의사를 만나야 할지, 바로 응급실로 갈지 등을 알려준다.

아마존은 내부 직원과 가족 들의 의료 혜택을 위해 2019년부터 '아마존 케어Amazon Care'를 시행하고 있다. 아마존 케어는 직원들을 대상으로 한 원격의료 서비스로 온라인을 통한 원격진료와 상담 그리고 간호사 방문을 통한 검사와 접종 등을 하고 있다. 아마존은 이 서비스를 미국 전역의 자사 직원들에게 확대하고 2021년부터는 다른 기업과도 계약을 맺어 문호를 개방하였다. 코로나19 유행으로 비대면 의료 수요가 급증하면서 아마존의 헬스케어 사업이 본격화될 전망이다.

또한 아마존은 방문 진료를 아우르는 통합 헬스케어를 추진할 것으로 보인다. 아마존은 현재 환자들에게 원격진료를 제공하고 있고(헬스네비게이터), 진료와 처방 약을 온라인으로 배송하고 있고(필팩), 의료기기를 아마존의 물류와 배송 네트워크를 활용하여 배송해주고(홀푸드, 아마존고 등) 있다. 향후 방문이 필요할 때 의사가 환자를 방문하는 서비스를 제공할 듯하다. 결국 아마존은 원격진료부터 온라인 약국, 의료기기 배송, 방문 진료를 아우르는 통합 헬스케어 사업을 추진할 것으로 예측된다. 기존 아마존의 물류 인프라에 헬스케어 데이터 클라우드를 결합하고 알렉사를 기반으로 의료정보를 더해가는 종합 헬스케어 생태계를 만들어갈 것으로 예상된다.

금융과 헬스케어에 인공지능 기술을 더하다

인공지능의 세계 최강자로 우뚝 서다

제프 베이조스는 1990년대 말부터 이미 "아마존은 소매 가업이 아니고 테크놀러지 기업이다."라고 하면서 막대한 기술에 투자해 왔다. 특히 인공지능 기술 분야에 대규모 투자를 하였는데 2017년에는 연간 2억 2,780만 달러(약 2,702억 원)를 인공지능에 투자하고 1,178개의 인공지능 전문가 일자리 채용 공고를 냈다. 아마존의 인공지능 관련 인력은 약 1만 명으로 알려져 있다. 아마존은 수요 예측, 제품 검색 순위, 상품배치, 사기 추적, 번역 등 모든 업무 영역에서 인공지능을 활용하고 있다.

기업정보 회사인 팩트셋은 스탠더드앤드푸어스 500지수에 편입된 기업의 2020년 회계자료를 분석한 결과 아마존이 연구개발에 226억 달러(약 27조 원)를 투자해 미국 기업 최대 연구개발 기업에

올랐다고 밝혔다. 시가총액 세계 1위인 애플의 거의 2배에 달하는 수준이다.

아마존의 주요 사업을 보면 아마존이 인공지능에 적극적으로 투자할 수밖에 없음을 알 수 있다. 전자상거래는 어마어마한 고객 데이터를 인공지능 학습을 통해야만 개인화된 맞춤형 서비스를 제공할 수 있다. 클라우드 서비스도 넓은 데이터 저장 공간이 필요하기 때문에 인공지능 기술과 만나야 시너지를 키운다.

아마존은 인공지능 왕국 건설을 위해 여러 기업을 인수합병하였다. 최근 아마존의 인수합병 추세는 전자상거래 중심에서 클라우드와 사물인터넷까지 점점 다양하게 바뀌고 있다. 스마트폰과 전자책 리더기 등 고객 접점 기기부터 로봇 기반 물류까지 전자상거래 가치사슬을 강화하는 방향으로 진행되고 있다.

대표적인 주요 인수사례를 보면 2012년 미국의 창고용 물류 로봇 제조회사인 키바 시스템즈Kiva Systems 인수를 시작으로 그 이후에는 에비 테크놀러지Evi Technologies를 인수하여 음성인식 서비스 알렉사를 개발하였다. 또한 머신러닝 전문기업 시멘티카 랩스Semantica Labs를 추가로 인수해 알렉사 기능을 한층 강화하였고 알파고로 유명해진 인공지능 플랫폼 업체 딥마인드도 인수합병하였다.

2014년 이후에는 전자상거래에서 아마존 웹 서비스 클라우드 중심으로 인수합병이 진행되고 있다. 데이터 마이그레이션, 영상처리, 소프트웨어, 클라우드 컴퓨팅 업체를 인수하여 관련 기술들을 아마존 웹 서비스에 적용하고 있다. 2016년 안나푸르나랩스Annapurna Labs를 인수하여 사물인터넷 부품 시장까지 진출하였으며

2019년에는 이스라엘의 사이버 보안 스타트업 기업인 클라우드인듀어CloudEndure와 미국 실리콘밸리의 물류 로봇 스타트업인 캔버스테크놀러지CanvasTechnology를 인수했다. 아마존은 전자상거래에서 인공지능, 클라우드, 사물인터넷 분야에서도 선두 주자로 나서기 위해 거침없이 질주하고 있다.

아마존 알렉사가 금융과 헬스케어에도 파고든다

아마존의 인공지능을 이야기하자면 가장 먼저 떠오르는 게 알렉사이다. 알렉사는 인공지능 기반 음성인식 기술이다. 아마존 전체에서도 최고의 베스트셀러로 알려져 있다. 미국에서는 5,000만 가구가 알렉사를 사용한다고 한다. 알렉사는 아마존 에코에서 지원하는 가상 비서이다. 알람 설정, 알림 전송, 음성으로 대화할 수 있다. 알렉사가 탑재된 아마존 에코는 전 세계에서 가장 많이 판매된 스마트 스피커다. 2017년 이후 누적 출하량 기준으로 시장점유율은 36퍼센트에 달한다.

알렉사에 장착된 기술은 3만 가지가 넘으며 최근에는 쇼핑 기능이 추가되어 알렉사의 도움으로 아마존에서 원하는 제품을 주문할 수 있다. 또한 알렉사는 아마존 에코를 포함하여 TV, PC, 히어러블, 웨어러블 및 기타 스마트 홈 기기들에 연결되어 우리의 일상생활 속 깊이 파고들고 있다. 알렉사는 매일 더욱 똑똑해진다. 직장인들이 늘 고민하는 '오늘 뭐 입지?'라는 고민도 해결해준다. 알렉사는 선호도에 따라 좋아할 만한 책을 제안하고 도서 요약을 들려주고 편집 리뷰도 이야기해준다. 잠자리에 든 후 켜놓은 조명을 끌 수도 있으며 스마트 조명을 작동시켜 고객이 집을 비웠을 때 누군가 집에 있는 것처럼 보이게 할 수도 있다. 학부모를 위해 자녀가 원격으로 학습하면서 일정을 지키도록 돕기도 하며 자동차에서는 핸즈프리로 알렉사를 사용하여 음악 스트리밍, 팟 캐스트 및 오디오북 듣기, 전화 걸기도 가능하다. 최근에는 원거리 음성인식 기능과 음성 언어 이해도를 크게 개선하였고 기계번역과 전이 학습을 통해 다양한 언어로 서비스를 제공하고 있다.

갈수록 진화하는 알렉사를 탑재한 아마존 에코는 미래 금융과 헬스케어의 모습을 바꿀 것이다. 금융 분야에서는 머지않은 미래에 알렉사와 같은 음성인식을 기반으로 간편한 대화로 금융거래가 가능해질 것이다. 현재 아마존, 도미노 피자, 스타벅스, 테스코를 비롯한 많은 소매업체가 음성 주문 역량을 강화하고 있다. 2025년쯤에는 전체 전자상거래의 50퍼센트가 음성을 통해 이루어질 것으로 추정하는 사람들도 있다. 지점이나 은행원들을 통해 상담받는 대신 일상생활 속에서 음성인식을 통해 다양한 금융 솔루션을 받을 날이 머지않아 보인다.[17] 게다가 마이데이터 산업이 활성화되어 금융정보뿐만 아니라 다양한 비금융정보까지 결합되어 인공지능에 의해 분석된다면 조만간 음성인식을 기반으로 한 초개인화된 금융비서 시대가 올 것으로 보인다.

헬스케어도 마찬가지이다. 예를 들어보자. 환자는 아마존 에코를 통해 원격진료를 요청하거나 처방 약을 주문할 수 있을 것이다.

이때 아마존의 인공지능 스피커가 사용자의 목소리 톤, 감정, 다양한 상황 등을 분석한다. 사용자가 기침하는 등 아픈 목소리라고 판단되면 인공지능이 감기약 등을 추천함과 동시에 온라인으로 약을 주문하도록 할 수 있다.

알렉사를 활용하여 병원 방문이나 불필요한 검사를 줄여 의료비를 절감을 할 수 있도록 하자는 목적이다. 예를 들어 알렉사를 이용해 감기에 걸렸을 때 진료와 처방을 받고 가벼운 상처를 입었을 때도 영상으로 처치 안내를 받는 식이다. 아마존은 알렉사를 다른 기업들에도 공개함으로써 생활 서비스 전반에 알렉사를 자리 잡게 만들려 하고 있다. 이를 통해 다양한 기술과 기능을 알렉사에 장착하고 알렉사를 인공지능 플랫폼으로 만들어 고객과의 접점을 늘리는 용도로 활용하고 있다. 결국 알렉사를 기반으로 생활 서비스 전반에 광범위한 독자적 생태계를 구축하려는 것이다. 아마존의 인공지능 플랫폼에 축적된 고객 데이터, 예를 들어 음성 데이터와 생활 밀착형 데이터들은 자사의 제품과 서비스를 개선하고 보다 혁신적인 상품을 개발할 수 있게 하는 원동력이다.

아마존 웹 서비스로 마이데이터 기술 플랫폼이 되다

아마존의 클라우드는 기술 플랫폼이다. 아마존은 클라우드 위에서 개발자나 기업이 자체적으로 애플리케이션을 구축할 수 있도록 기술 인프라를 제공하고 있다. 클라우드가 단순 렌탈 사업자와 가장 구별되는 점은 기본 서버, 데이터베이스 엔진, 스토리지 등을 넘어 개발에 활용할 수 있는 환경 그 자체뿐만 아니라 다양한 솔루션까지 제공하는 데 있다. 제삼자에게 다양한 소프트웨어를 사용할 수 있도록 일종의 마켓을 개설해 모바일 환경에서의 앱스토어와 유사한 플랫폼을 구축하는 것이다.

아마존 웹 서비스는 이러한 클라우드 사업을 통해 안정적인 수익을 창출하는 캐시카우로 자리매김하였다. 실제로 아마존 웹 서비스는 2021년 1분기에만 135억 달러(약 16조 원)의 매출을 올렸으며 회사 순이익의 절반 이상을 차지한다. 아마존의 주요 사업영역별 투자 경로를 보면 전자상거래가 이익을 내기 시작할 때 아마존 웹 서비스에 투자했다. 아마존 웹 서비스가 이익을 낼 때 인공지능 사업, 즉 알렉사에 대한 투자를 본격화하였다. 아마존 웹 서비스는 상업적 클라우드를 처음 개척한 기업으로 2020년에는 시장점유율이 40.8퍼센트에 이르는 등 부동의 1위 자리를 고수하고 있다.[18] 아마존이 세계 최강의 시스템 회사임을 입증하였다.

아마존은 아마존 웹 서비스 클라우드를 기반으로 방대한 데이터를 분석하여 활용할 수 있는 강력한 경쟁력을 확보하였다. 금융 분야도 아마존 클라우드의 탁월한 기술력 덕분에 결제, 대출, 카드, 보험, 자산관리 등의 방대한 고객의 재무 정보를 기존의 소비 데이터와 결합할 수 있다. 이러한 데이터들을 수집, 분석, 활용할 수 있는 클라우드 기술력을 바탕으로 기존 금융 회사가 제공하지 못하는 혁신적 고객경험을 제공할 수 있는 것이다.

헬스케어 분야에서도 마찬가지이다. 아마존이 필팩을 인수한 배경에는 앞서 밝혔듯이 온라인 처방 약 배송과 더불어 고객의 의료나 건강정보 등의 수집 목적도 크다고 알려져 있다. 처방 약 등이 배달되면서부터 배송 위치 추적이 이루어지고 상담이나 복용 알림과 약력관리 등 모든 의료 데이터들을 아마존 웹 서비스를 기반으로 한 플랫폼들을 통해 확보할 수 있다.

향후 아마존을 통한 결제, 송금, 대출, 보험 등 금융거래는 더욱 늘어날 것으로 보인다. 또한 코로나 사태 이후 아마존의 원격진료는 더욱 활성화될 것이다. 아마존은 아마존 웹 서비스의 인공지능과 클라우드 기술을 활용하여 금융과 헬스케어 등에서 만들어지는 방대한 양의 데이터를 더욱 효율적으로 융합하여 분석할 수 있고 이로부터 혁신적인 비즈니스 모델을 끌어내어 시장을 뒤흔들 가능성이 크다.

데이터 생태계 강화로 금융과 헬스케어까지 확장하다

아마존의 금융과 헬스케어 사업은 전통 사업 영역에서 새로운 사업 영역으로 확장하는 것이다. 핑안이 종합생활 생태계를 구축하여 자동차 거래나 의료 분야 등 비금융에서 금융 분야로 교차판매를 하듯이 아마존도 결국 금융과 헬스케어 사업을 통해 기존의 온·오프라인 유통 사업 등 생태계를 강화하고 있다.

아마존은 페이와 카드 등을 통해 기존 아마존 고객의 사용 편리성을 높이고 아마존랜딩으로 판매자들에 대한 대출을 늘려 참여자들의 잠금 효과를 강화하였다. 아울러 아마존의 디지털 결제 수단을 아마존고와 홀푸드 등의 고객들과도 결합하여 오프라인 금융 서비스도 확대하고 있다. 모두 기존 아마존 생태계로 귀결되어 자체 생태계를 강화하는 것이다.

헬스케어 서비스 역시 아마존의 프라임 서비스에 포함되어 기존 유통 사업을 더욱 강화시킬 것이다. 아마존은 이미 프라임 회원들 대상으로 처방 의약품의 배송 서비스를 개시하였다. 앞서 이야기했듯이 아마존은 앞으로 필팩을 통한 온라인 배송 서비스뿐만 아니라 원격의료와 방문 진료 등 통합 헬스케어 서비스를 선보일 것이다. 헬스케어 서비스를 프라임과 연계하면 차별화된 서비스를 제공할 수 있어 연회비를 인상할 수도 있고 고객 충성도를 높여 가입자들을 프라임 생태계에 계속 머무르게 할 수 있다.[14] 또한 통합 헬스케어 서비스는 아마존 프라임의 핵심 고객인 등 고령자들을 확보할 수 있는 탁월한 비즈니스이다. 베이비부머나 은퇴 세대를 새로운 프라임 고객으로 유도하고 가입하면 온라인 상거래뿐만 아니라 식료품 배송과 오프라인 매장 등에서도 많은 이용을 할 것이다.

결국 아마존은 금융과 헬스케어 분야에 진출하여 새로운 업종의 방대한 데이터를 확보할 수 있었고 이를 통해 새로운 비즈니스를 창출할 수 있었다. 새로운 비즈니스는 기존 사업을 더욱 보강시키고 다시 새로운 사업 영역이 확장되는 등 아마존만의 새로운 산업 생태계가 만들어지고 있다.

5장

핀테크 기업, 다양한 데이터 비즈니스 모델로 성공을 만든다

특화된 기술로 마이데이터 공략에 나서다

다양한 마이데이터 비즈니스를 펼치고 있다

앞장에서는 마이데이터 시대의 벤치마킹 모델로 금융 회사 중에는 핑안을 살펴보고 빅테크 기업으로는 아마존을 살펴보았다. 이번에는 자본이 적고 규모가 크지 않지만 기술이 뛰어난 마이데이터 사업자, 즉 핀테크 업체가 벤치마킹할 기업 사례를 소개한다.

마이데이터 생태계는 정보 주체인 개인과 데이터 제공자, 데이터 활용자, 데이터 오퍼레이터로 이루어져 있으며 각각의 주체별 다양한 서비스 유형이 존재한다. 한국정보전자통신학회에 발표 논문을 보면 마이데이터 사업을 도입할 경우 오퍼레이터 비즈니스, 데이터 비즈니스, 분석 비즈니스, 중개 비즈니스, 인에이블링 Enabling 비즈니스 등이 가능하다.[1] 우선 첫 번째, 오퍼레이터 비즈니스는 마이데이터 수집 및 관리 플랫폼을 제공하고 기업을 대상으로 수수료를 받는 수익 모델이다. 고객의 동의 기록 저장, 데이터 수집, 제삼자 연계 서비스 등을 제공한다. 두 번째, 데이터 비즈니스는 수집된 마이데이터를 가공한 후에 제삼자 서비스에 판매하는 것이다. 이 비즈니스는 개인 서비스 이용 수수료와 분석 결과 거래로 수익을 창출한다. 세 번째, 분석 비즈니스는 마이데이터를 1차로 가공한 후 이를 토대로 자체적으로 서비스를 제공하는 사업이다. 개인을 대상으로 이용 수수료를 받거나 서비스에 연계된 금융 회사 등을 대상으로 상품추천 수수료를 받는다. 네 번째, 중개 비즈니스는 원原 데이터의 판매를 중개하는 것이다. 데이터 구매자로부터 수수료를 수수하여 데이터를 제공한 개인에게 수익 및 혜택을 돌려주는 비즈니스 모델이다. 일본의 정보은행이 대표적인 사례이다. 다섯 번째, 인에이블링 비즈니스는 마이데이터 사업과 관련하여 기업에 필요한 시스템 및 인프라를 제공하는 비즈니스이다. 규제 준수와 개인정보 관리 등 솔루션 제공과 시스템 구축에 따른 수익을 내는 모델이다.

아직 우리나라는 많은 핀테크 기업이 데이터 수집부터 분석과 서비스 제공까지 모두 독자 플랫폼에서 수행하는 '분석 비즈니스'에 치중하고 있다. 하지만 마이데이터 생태계가 안착하고 균형 있는 발전을 위해서는 가장 기본적인 비즈니스인 오퍼레이터, 데이터 판매, 중개, 인에이블링 서비스와 같은 인프라적인 사업들도 활성화되어야 할 것으로 보인다. 다음부터는 마이데이터 시장에서 성공적인 평가를 받는 글로벌 핀테크 업체들을 비즈니스 유형별로 구분하여 살펴보도록 한다.

민트, 마이데이터 분석 비즈니스의 최강자로 인정받고 있다[1장 24, 1장 26]

미국의 민트는 처음으로 개인 신용정보 통합조회 서비스를 선보인 대표적인 성공 사례이다. 민트는 '머니 인텔리전스Money Intelligence'의 약자로 2006년 설립되었다. 민트의 온라인 서비스는 은행계좌의 입출금 관리, 대출 계좌, 신용카드 사용 내역, 증권 및 보험 정보를 포함하여 부동산 등 비금융 자산까지 통합하여 관리해 준다.

미국의 대표적 결제업체인 페이팔도 민트닷컴과 연결되어 있다. 대부분 금융 회사과 연결되어 개인자산관리를 한눈에 쉽게 파악할 수 있게 하고 자금 과부족 여부 등을 확인하여 재무관리도 지원해 준다. 민트의 서비스는 통합조회, 자산관리, 지출관리, 소비습관 개선, 현금흐름 모니터링, 청구서 관리 등이 있다. 고객의 신용정보, 이력, 소비 선호 등의 데이터를 수집하고 금융거래나 상품거래 이력, 소비 패턴, 시장 금리 등을 고려하여 고객 여건에 맞는 최적의 금융상품이나 통신 서비스를 추천한다. 금융 데이터를 수집하는데 장기간 소요되기 때문에 대부분은 스크래핑Scrapping 기업에 의뢰하여 정보를 수집하고 있다. 마이데이터 사업 전 우리나라의 토스나 뱅크샐러드와 유사하다고 보면 되겠다.

후발주자인 민트는 어떻게 기존 경쟁사를 따라잡았을까? 민트의 가장 큰 성공 요인은 편리함이다. 정확도가 매우 높은 분류 알고리즘을 통해 기존 서비스의 불편함을 없애버렸다. 기존 회사들이 유사한 재무관리 서비스를 제공하고 있었으나 소비항목 분류 등에서 데이터의 상당 부분이 미분류로 처리되어 수기로 비용을 일일이 다시 분류하는 불편함이 있었다. 민트는 정확도가 매우 높은 분류 알고리즘을 통해 자동화 범위를 최대화하여 이른바 고객의 페인 포인트를 제거해버렸다. 당연히 시장에서의 좋은 평가는 입소문을 통해 퍼졌고 시장점유율이 80퍼센트까지 올라갔다.

민트는 또 직관적인 사용자 경험과 사용자 인터페이스를 구현하였다. 그래프 등 시각화로 어떤 사용자라도 한눈에 본인의 수입, 지출, 관리가 가능토록 사용자 관점에서 서비스를 만들었다. 이를 통해 입출금 내역, 투자 내역, 신용카드 내역 등 개인의 금융정보를 자동으로 집계하여 지출 패턴을 보여주고 저축 목표도 설정하는 등 재무관리가 가능하다.

모두가 윈윈Win-Win하는 수익 모델도 또 다른 성공 요인이다. 사용자의 접근성을 높이기 위해 무료로 웹과 앱을 사용할 수 있도록 하였다. 대신 소비자의 패턴을 파악하여 다양한 금융상품 등을 추천하며 이를 통해 금융 회사로부터 수수료를 받는다. 예를 들어 목돈이 필요할 때 최적의 투자 및 저축 상품을 제안하거나 자금 부족 발생이 예상되면 제휴 금융사의 최적의 대출 상품 등을 제안한다. 사용자는 더욱 좋은 조건의 상품을 받고 금융 회사는 상품을 판매하여 매출을 올리고 민트는 금융 회사로부터 수수료 수익을 낼 수 있다. 거래 당사자 모두에게 수익을 제공하는 비즈니스 모델을 구현하였다. 이처럼 민트는 데이터와 기술은 물론 차별화된 편의성과 탁월한 수익 모델로 시장의 흐름을 변화시킨 가장 성공적인 마

민트의 주요 서비스 화면

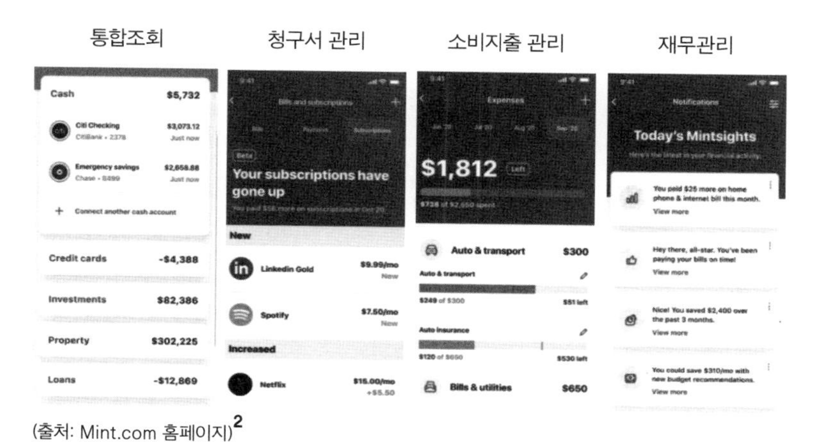

(출처: Mint.com 홈페이지)[2]

이데이터 사업자 중 하나로 알려져 있다.

민트는 2009년 약 1억 7,000만 달러(약 2,017억 원)라는 성공적 가격으로 '인튜이트Intuit Inc.'에 의해 인수되었다. 인수 당시 민트 사용자는 약 100만 명이었으나 2019년 기준으로 약 1억 3,000만 명 이상의 사용자를 확보하였다. 인수 후에도 민트는 여전히 북미 대륙에서 인기 있는 개인 금융 서비스 앱이다.

미국의 인튜이트는 회계, 세금 소프트웨어와 서비스를 개발하고 판매하는 업체였으나 민트를 인수한 이후에는 개인 재무관리 서비스도 제공할 수 있게 되었다. 1983년 미국 캘리포니아주 마운틴뷰에서 설립되었고 약 1만 600명의 직원이 온라인 금융 서비스를 제공한다. 현재 미국, 캐나다, 영국, 이스라엘, 호주, 인도 등에서 서비스를 강화하고 있다. 중소기업 회계 소프트웨어 부문에서 미국 시장점유율이 80퍼센트이고 개인 소득세 환급을 위해 인튜이트를

인튜이트의 매출과 수익 비중

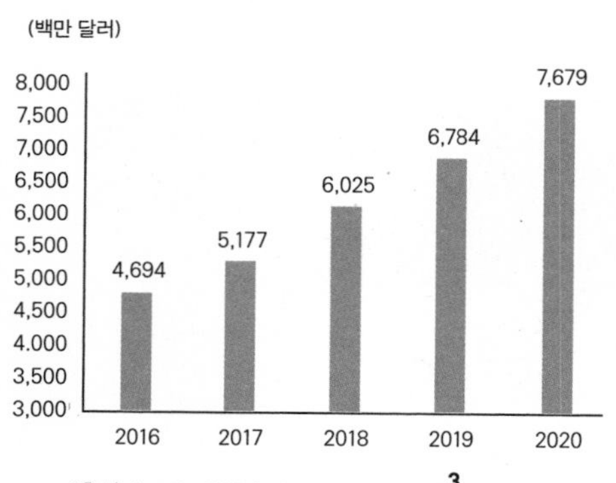

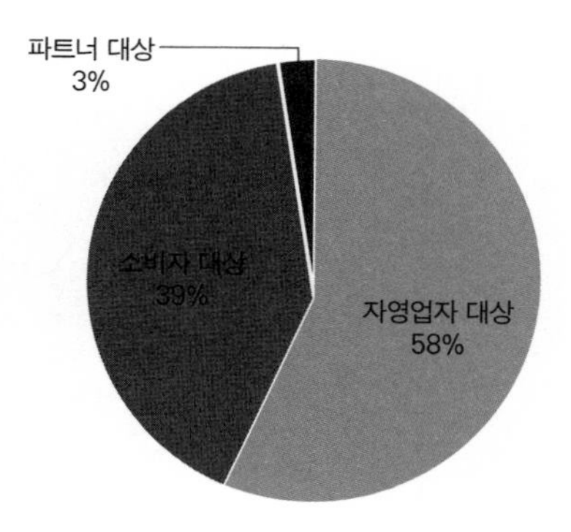

(출처: Intuit, 2020, Annual Report)[3]

사용한 고객이 2017년 기준으로 3,500만 명에 달한다.

인튜이트는 1993년 나스닥에 상장했다. 미국 3대 지수 중 나스닥100과 에스앤피S&P500에 속해 있다. 매출액은 2020년 77억 달러(약 9조 1,368억 원)에 달한다. 수익 구조를 보면 세무 회계 서비스 제공이 58퍼센트로 가장 많으며 세금 신고 대행 및 금융상품 중개 서비스가 39퍼센트, 전문회계사 매칭 수수료가 3퍼센트를 차지한다.[3]

인튜이트의 주요 사업 부문은 크게 중소기업에 회계 관리 서비스를 제공하는 퀵북quickbooks, 개인 세금 신고 서비스를 대행하는 터보택스turbotax, 앞서 소개한 온라인으로 개인 재무관리 서비스를 제공하는 민트 등으로 이루어져 있다.

인튜이트, 핀테크 강자 크레딧카르마를 인수하다 4, 1장 24

인튜이트는 2020년에 사업 영역을 크게 확장했다. 개인 신용평점 조회, 관리, 자산관리 영역의 강자인 크레딧카르마Credit Karma를 8조 5,000억 원에 인수했다. 크레딧카르마 역시 미국의 최대 개인종합 자산관리 핀테크 기업으로 미국, 캐나다, 영국에서 약 1억 1,000만 명의 개인 고객을 보유한 핀테크 업계의 공룡으로 떠오르는 중이다.

인튜이트는 크레딧카르마 인수 이후 세금 신고 및 환급 플랫폼인 터보택스와 교차판매 시너지를 내고 있다. 터보택스를 통한 세금 환급금 규모는 연간 약 880억 달러(약 104조 원)에 달한다고 알려져 있다. 고객은 크레딧카르마머니Credit Karma Money라는 자산관리 플랫폼에서 세금 환급금을 당좌예금 계좌로 입금할 수 있다. 크레딧카르마는 100여 개가 넘는 다양한 금융 회사와 개인 고객을 연결해준다. 편리한 프로세스와 함께 방대한 고객과 데이터를 기반으로 대출, 보험, 자산관리 서비스 등 최적화된 개인별 맞춤형 서비스를 제공하고 있다.

현재 민트와 크레딧카르마는 각각 별도의 플랫폼을 통해 서비스를 제공하고 있지만 앞으로는 통합 서비스를 제공할 예정이다. 인튜이트는 고객들에게 세무 및 재무관리를 종합적으로 제공하는 온라인 종합금융 서비스 기업을 목표로 하고 있으며 자국에서 쌓은 역량을 기반으로 전 세계 시장에 진출할 계획이다.

민트는 개인자산관리PFM 비즈니스 모델을 통해 성공한 기업이다. 정확한 분류 알고리즘을 통해 기존 서비스의 불편함을 없애버렸고 시각화 그래프 등 직관적인 사용자 경험과 사용자 인터페이스를 구현하였기 때문이다. 또한 사용자의 세금 신고 내역을 기반으로 소득 수준 파악이 가능하고 자산관리 서비스 제공에 따른 데이터를 통해 다양한 금융상품을 중개(민트)하는 비즈니스 모델이 강점이다. 하지만 수집할 수 있는 데이터가 금융 및 과세정보로 한정되어 있어 다양한 맞춤형 서비스를 제공하기에는 한계가 있다. 또한 데이터 개방에 의무성이 없기 때문에 제휴 금융기관만 이용할 수 있어 정보 수집이 제한적이다. 고객 동의를 전제로 전 분야 금융정보와 전자상거래, 통신, 세금 정보 등이 표준화된 전송 시스템API을 통해 의무적으로 공유되는 우리나라 금융 분야 마이데이터 산업이 왜 유망한지를 보여주는 대목이다.

민트 이외에도 앞선 데이터 분석 역량과 디지털 기술로 자기만의 특화된 마이데이터 분석 서비스를 운영하는 핀테크 기업들이 있다.[1장 26] 메니가Meniga는 아이슬랜드 핀테크 기업으로 개인소비지출 관리 서비스로 유명하다. MZ세대에 익숙한 SNS를 활용하여 타임라인 형태로 소비지출 관리 서비스를 제공한다. 소비 리포트 제공, 공과금 안내, 할인 혜택 안내는 물론 과소비를 경고해주고 최적의 카드 상품도 추천해준다. 특히 지출을 자동으로 카테고리별로 분류해주고 인공지능 기술을 통해 지출 분류 및 분석 서비스를 정교화한다. 고객의 신용점수에 변동이 있을 때마다 알림과 가이드를 제공한다.

미국의 웰스프론트Wealthfront는 로보어드바이저로 서비스를 차별화하였다. 결혼, 주택, 학자금, 은퇴 설계 등과 같은 고객의 투자자문을 챗봇으로 자동화하였다. 고객의 자산과 개인·퇴직연금 등의 정보를 입력하면 현재 재무 상태와 은퇴 시점 계획 등을 자동 분석해준다. 고객이 주택 구매나 은퇴에 대비한 투자목표를 수립하면 재무 상황을 고려하여 목표 기간 내 실행이 가능한지와 대안을 제시하기도 한다.

스트란즈Strands는 스페인의 핀테크 기업으로 소상공인 자영업자의 재무관리 서비스에 특화되어 있다. 사업자의 모든 계좌의 현금흐름을 파악하여 카테고리별 지출을 관리할 수 있으며 남은 잔액에 대해 투자·대출 상품을 추천하는 등 맞춤 금융 서비스를 제공한다. 나아가 내가 원할 만한 각종 혜택을 신용카드에 연결해서 쓸 수 있도록 유도하는 카드 링크드 오퍼CLOCard Linked Offer, 마케팅 앱 푸시 메시지, 미래 매출 예측 등 다양한 마케팅 서비스도 제공한다.

미국 무븐Moven은 고객의 재무 목표 달성을 돕는 스태시Stash라는 서비스를 운영하고 있다. 고객이 여러 재무 목표를 입력하면 현금 흐름에 따라 저축 금액과 지출 예산을 챗봇이 수립해준다. 목표의 달성 지원을 위한 상품을 추천하고 목표 달성 시 추가 금액의 저축을 제안하기도 한다.

데이터 저장소와 플랫폼으로 마이데이터 사업을 하다

디지미, 개인 의지에 따라 데이터 관리와 활용을 한다[1장 24, 1장 26, 1장 28]

영국의 디지미는 2009년 설립된 개인 데이터 저장소PDS, Personal Data Store 사업자이다. 금융과 비금융 데이터를 망라하여 개인정보를 단일 플랫폼에서 수집, 관리, 활용을 할 수 있는 통합 플랫폼이다. 자산규모는 2015년 100만 파운드(약 15억 원)에서 2018년 740만 파운드(약 117억 원)로 크게 성장하였다. 2019년 기준 투자금 규모는 730만 파운드(약 115억 원)이며 직원은 약 56명이다.

디지미는 개인 사용자와 이를 활용하는 기업 간 데이터 중개자로서 플랫폼 비즈니스를 지향하고 있다. 여러 회사에 흩어져 있는 개인정보를 한곳에 수집하고 이를 금융이나 유통회사 등에 제공하여 수익을 창출하는 모델이다. 개인의 입장에서 디지미는 데이터의 수집부터 저장과 공유에 이르기까지 개인정보관리 전 과정을 지원하는 개인 데이터 저장소 서비스를 무상으로 제공한다. 개발자 또는 기업 입장에서는 디지미를 통해 양질의 데이터를 안정적으로 확보할 수 있다.

디지미는 고객의 의지와 상관없이 개인정보를 무작위로 수집하는 데이터 브로커들과는 달리 정보 주체인 고객이 개인정보 제공 여부를 스스로 결정하도록 한다. 당연히 개인정보 소유 및 보호가 가장 중요하다. 그래서 디지미는 자사 서버가 아닌 고객이 직접 개인 소유의 클라우드 서버(구글 드라이브, 마이크로소프트 원드라이브 등)에 개인정보를 저장하게 하며 고객의 허락을 받아 사용하고 있다. 수집된 정보는 암호화된 상태로 저장되는데 스마트폰에 있는 키값과 고객이 지정한 암호를 통해서만 암호화된 정보를 해제할 수 있다. 기존 개인 데이터 저장소와 대비하여 더욱 강화된 수준으로 프라이버시를 보호하고 컴플라이언스 리스크를 낮춘 것이다.

데이터 수집은 고객 개인이 소셜미디어, 의료 사이트, 금융 회사, 정부기관 등에 로그인하여 흩어져 있는 정보를 자신의 클라우드 서버에 모으는 방식이다. 이를 위해 고객은 디지미 앱을 설치하고 앱에서 '추가Add'를 눌러 개인정보가 있는 해당 사이트의 아이디와 패스워드를 입력한다. 디지미는 입력된 고객의 아이디와 패스워드를 이용하여 해당 계정으로 접속하고 그동안 사용했던 내역을 스크래핑이나 표준화된 전송 시스템API 방식으로 수집한다. 고객은 디지미의 홈 화면에서 몇 개의 데이터들이 스크래핑되어 왔는지 확인할 수 있다.

디지미의 주요 수집 가능 데이터

구분	데이터
SNS 데이터	페이스북, 인스타그램, 트위터 등에서의 작성 글이나 댓글 활동 내역
금융 데이터	1,000여 개 이상의 은행 및 금융 회사의 계좌 및 금융거래 정보, 비자, 마스터, 아메리칸 익스프레스 등 신용카드 사용 내역
의료 데이터	영국국가보건의료 서비스, 아이슬란드 헬스 시스템 기록 등 1,000여 개 기관과 연계한 의료정보(각종 의료 데이터 표준화 시스템 구축 중)
헬스케어	구글핏, 핏빗, 가민Garmin과 같은 웨어러블 기기를 통해 걸음 수, 운동시간, 수면 활동 등 건강 데이터
음악·영상	스포티파이의 음악 청취, 유튜브의 동영상 검색 정보 등

(Digi.me[5] 자료를 참고하여 재작성함)

디지미가 제공하는 데이터는 사용자의 SNS, 의료정보, 음악·영상 등의 비금융정보와 은행, 카드거래와 같은 금융정보가 결합되어 활용 가치가 높다. 금융정보의 경우, 디지미는 미국 핀테크 기술 기업인 플레이드Plaid와 제휴하여 1,000여 개 은행의 거래 내역과 대부분의 카드사 거래 내역까지 모두 취합한다. 비금융정보의 경우 SNS 활동 내역은 물론 건강 웨어러블 장치 기업인 핏빗 등을 통해 건강활동 이력, 수면 기록 등을 수집한다. 이렇게 다양한 데이터를 활용하여 개인 건강정보와 결합된 보험, 실시간 보험, 개인 생애주기·이벤트가 결합된 보험 등 다양한 형태의 금융상품이 플랫폼 내에서 개발되고 있다.

디지미 고객은 이렇게 수집하고 저장된 자신의 개인정보를 금융회사나 건강관리 기업에 제공함으로써 다양한 서비스를 받을 수 있다. 은행에서 최적의 대출 상품을 추천받을 수 있고 보험사들로부터는 처방기록, 건강 상태, 운동기록 등을 기반으로 맞춤형 건강

디지미 연계 주요 애플리케이션

앱	세부 화면
재무관리 핀사이트Finsights	·지출 패턴 분석, 재무관리 기능 ·다양한 금융거래 및 개인 재무 상태를 가시적으로 제공
헬스케어 헬시미Healthy Me	·개인의 건강 상태 확인, 분석 기능 제공 ·면역, 진단, 처방, 의약품 정보 등 주요 건강정보 제공 등
해외여행 백스어브로드VaxAbroad	·방문국을 선택하면 예방접종 기록을 분석하여 필요한 백신 정보를 제공
질병 모니터링 레티나 리스크Retina Risk	·당뇨병성 망막병증 모니터링 최초 모바일 앱 ·사용자의 질병 진행 상황을 분석하고 모니터링

(Digi.me[5] 자료를 참고하여 재작성함)

관리 서비스를 제안받을 수도 있다. 사용자 패턴에 딱 맞는 여행상품, 최적의 출근길, 다양한 할인 서비스 등도 가능하다.

디지미를 기반으로 한 다양한 제휴 앱 서비스도 많이 개발되어 있다. 예를 들어 핀사이츠Finsights는 지출 내역 분석 등 재무관리 서비스를 제공하고 헬씨미HealthyMe는 진단과 처방과 의약품 등 개인의 주요 건강정보를 제공한다. 또한 백스어브로드VaxAbroad는 해외여행 전 예방접종 기록을 분석하여 해당 국가의 필요한 백신 정보를 알려주며 레티나리스크Retina Risk는 당뇨병 환자를 위한 당뇨 망막성 관련 서비스를 제공한다.

디지미는 국가 단위 의료정보와도 연계하여 아이슬란드, 영국, 미국 3개 나라에서 의료정보를 수집한다. 2017년 아이슬란드 보건국으로부터 의료정보 표준화된 전송 시스템API에 대한 접근 허가를 받았으며 2019년에는 영국국민보건서비스NHS, National Health Service의 데이터에 대한 접근도 허가받았다. 미국의 250여 개 헬스케어 서비스 업체와도 제휴하여 데이터를 연계하였다.

디지미는 자신의 데이터를 한곳에 모으고 고객이 직접 데이터 통제권을 행사하는 것이 장점이나 데이터 수집과 관리에 부담이 큰 것이 큰 단점이다. 고객은 흩어져 있는 개인정보를 모으기 위해 초기에 금융 회사, 의료기관, 인터넷 서비스 등에 대해 모두 아이디와 패스워드를 입력해야 하는 불편함을 피할 수 없다. 만약 아이디와 패스워드를 분실했을 경우 일일이 해당 사이트에 접속하여 패스워드를 초기화해줘야 한다.

하지만 전 세계적으로 마이데이터에 관심이 높아지고 있는 시점에서 디지미의 데이터 수집 역량, 데이터의 저장 및 관리를 위한 보안시스템, 데이터 활용 솔루션 등 데이터 플랫폼 비즈니스 모델에 대해 우리나라 핀테크 업체들도 눈여겨볼 만한 점이 많다.

디지미 외에도 현재 유럽과 미국을 중심으로 개인 데이터 저장소 사업을 위한 다양한 플랫폼 서비스가 등장하고 있다.[6] 영국의 마이덱스Mydex가 대표적이다. 2008년 설립된 영스타트업이 운영하는 개인 데이터 플랫폼이다. 이 회사는 공동체 이익 회사CIC, Commnuity Interest가 운영하고 있어 개인에게 무료로 제공되며 제삼자에게 판매하지 않는다. 대신 기업에서 초기 연결 비용과 수수료를 지불하고 있다. 디지미와 유사하게 개인이 개인정보 제공 여부와 범위를 스스로 설정하도록 하고 있다. 이러한 데이터들을 활용하여 온라인 쇼핑, 전기요금 관리, 세금 환급, 해외여행 등 다양한 맞춤형 서비스를 제공한다.

프랑스의 코지Cozy는 2013년부터 플랫폼과 기업의 응용 서비스

개발 환경, 개인 클라우드 서비스용 애플리케이션을 제공한다. 클라우드 기반의 개인 데이터 저장소 제공 및 기업 대상 데이터 연계 서비스를 제공한다. 예를 들어 고객의 여러 계정에서 청구서 정보를 다운로드하여 코지 클라우드에 저장한다. 이후 전기나 전화 요금과 같은 필요 정보들을 코지의 인터페이스를 통해 찾아볼 수 있다. 또한 코지 뱅크Cozy Bank를 통해 청구서들을 열람하고 코지 헬스Cozy Health를 통해 건강 비용을 관리할 수 있다. 이외에도 일정관리, 메모, 메일 등 일상 앱들을 추가하여 다양하게 개인정보에 접근하고 활용할 수 있다.

독일의 조로콤Jolocom은 블록체인 기반의 로그인 및 정보관리 서비스를 제공한다. 2014년 오픈소스 커뮤니티로 시작하여 2016년 설립된 스타트업이다. 블록체인 기반의 스마트 지갑 서비스를 통해 한 번의 로그인으로 모든 협력 사이트에 접근하며 정보 변경 서비스를 제공한다.

요들리, 데이터 플랫폼과 인에이블러 사업으로 성공한다[7]

요들리는 1999년에 미국에서 설립되었으며 은행 또는 신용카드 계좌 정보들을 모아 통합 자산관리 서비스를 제공하는 스크래핑 기업으로 출발하였다. 요들리는 2014년 미국 나스닥에 기업공개IPO를 하였으며 2015년에 미국 엔베스트넷Envestnet에 기업가치

5억 9,000만 달러(약 6,998억 원)로 인수되었다. 2021년 8월 기준 1,400여 개 기업과 제휴하였고 3,500만 명 이상이 사용하고 있다.

일반 고객이 모든 금융 회사의 계좌정보를 한눈에 볼 수 있도록 머니센터Money-Center 서비스를 제공하고 있으며 지출관리, 계좌관리, 공과금관리 등 자산관리 서비스를 제공하고 있다. 물론 무료이다. 이렇게 수집된 정보는 은행 등 금융 회사에 제공되어 빅데이터 서비스에 활용된다. 최근 요들리는 데이터 분석, 금융 애플리케이션, 금융 데이터 표준화된 전송 시스템API 등을 상품으로 제공하고 있으며 기업과 개발자를 대상으로 솔루션도 판매하고 있다. 데이터 플랫폼 사업과 오픈 표준화된 전송 시스템API을 통한 인에이블러 사업이 주요 비즈니스 모델이다.

금융 관련 데이터 수집은 은행 및 카드사 등 약 2만여 개 이상 회사에서 이루어진다. 수집된 데이터를 결합하여 고객에 대한 자산관리 등의 서비스를 제공하고 자료를 다시 재가공하여 투자자, 리서치 회사, 소매업자 등에게 재판매한다. 또한 취합된 데이터는 오픈 표준화된 전송 시스템API 형태로 '요들리 데이터 포털Yodlee Data Portal'을 통해 핀테크 기업에도 제공한다. 이를 통해 핀테크들이 새로운 애플리케이션과 서비스를 개발하도록 하고 앱과 서비스를 사용하는 은행 등으로부터 수익을 낸다. 요들리는 데이터 취합과 분석의 플랫폼이며 오픈 표준화된 전송 시스템API을 통해 핀테크 기업과 협업하고 다른 핀테크 기업의 성장을 도모하고 있다.

요들리는 원래 스크래핑 회사였는데 데이터 분석 노하우를 기반으로 다른 금융사에 산업별·상품별 솔루션 및 데이터 분석 기능

(출처: Yodlee 홈페이지)[8]

을 제공하게 되었다. 초기 데이터 분석에서 데이터 플랫폼과 인에이블러로 비즈니스 모델을 확장하여 크게 성장하고 있다. 우리나라에서도 B2B 형태, 오픈 표준화된 전송 시스템API을 기반으로 한 다양한 인에이블러 비즈니스를 기대해볼 수 있다.

데이터 신탁은 또다른 마이데이터의 대안이다

일본정보은행, 데이터 신탁과 리워드 사업으로 차별화하다[8, 9, 10, 12]

디지미의 비즈니스 모델이 데이터의 전 과정을 소비자(개인)가 직접 통제하는 방식이라면 정보은행은 개인을 대신하여 개인 데이터를 모아서 수집해주고 개인 데이터가 필요한 회사에 개인 데이터를 판매한다. 정보은행은 이를 통해 수수료를 받고 개인에게 돌려주는 것이 비즈니스 모델이다. 현실적으로 개인들은 데이터 제공 동의를 해야 할지 판단하기도 어렵고 자신의 데이터를 관리할 능력이 부족하며 자신이 만든 데이터를 판매할 능력도 거의 없기 때문이다.

정보은행은 일본에서 만들어진 개념인데 데이터 취급기관이라는 명칭을 사용할 때 고객이 가질 수 있는 막연한 불안감을 없애기

위해 친근한 '은행'이라는 명칭을 사용하였다. 개인을 위해 금융 데이터 서비스를 제공할 수 있는 사업 환경을 만들었다는 점에서 의미가 있다고 하겠다. 일본 정부는 개인정보보호법 개정을 통해 개인정보 유통을 허용하였고 차세대 의료기반법, 관민 데이터 활용 추진 기본법 등을 통해 법률·제도적 기반을 구축하였다. 일본은 2018년 6월에 정보은행 사업자를 인정하는 가이드라인을 발표하고 2018년 12월부터 정보은행 시범 사업을 하였다. 2019년 10월에는 개인정보보호에 대한 세부 지침이 포함된 '정보은행의 사업자 인증에 관한 지침 버전2.0情報信託機能の認定に係る指針ver2.0'을 발표한 바 있다.

정보은행 사례를 알아보자. 미쯔이스미토모신탁은행三井住友信託銀行株式会社은 그동안 쌓아온 신뢰성과 전문성을 바탕으로 2019년에 일본IT단체연맹으로부터 최초로 정보은행 인증을 받았다. 이 은행은 2년간의 데이터 신탁 시범 사업을 운영하여 고객의 개인정보를 안전하게 관리하고 데이터를 기업들에 제공하여 그 이익을 고객에게 환원하였다.

그렇다면 데이터 신탁 서비스는 어떻게 이루어질까? 우선 고객은 정보은행과 데이터 신탁 서비스를 체결하고 스마트폰 앱을 통해 자신의 데이터를 제공할 기업을 선택한다. 이를 근거로 정보은행은 제공받은 데이터를 관리하며 매칭을 통해 거래를 성사시키고 수익을 고객에게 돌려준다. 데이터를 활용하고 싶은 기업은 반드시 데이터 내용과 이용 목적을 명시해야 한다. 고객은 정보를 제공한 대가로 현금이나 무료 이용 등의 서비스를 받고 데이터 활용 업

데이터 신탁 서비스 개요

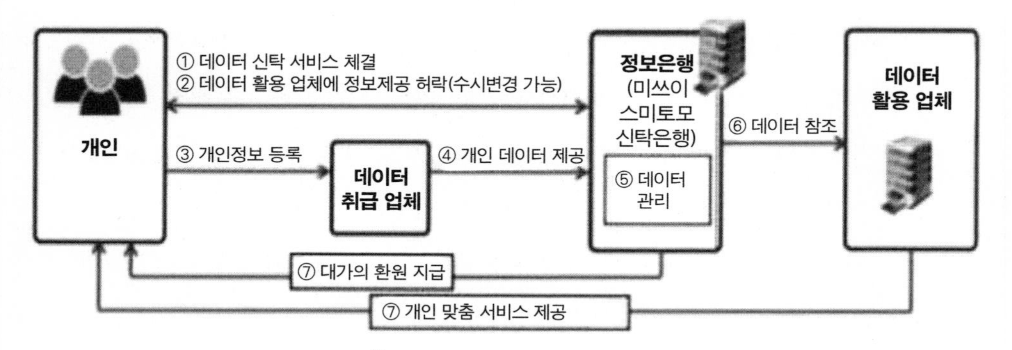

(출처: 일본IT단체연맹 보도자료)[11]

체로부터 금융 및 의료 등 개인 맞춤형 서비스를 받을 수 있다.

실제로 이 은행은 소비자들과 신탁 서비스 계약을 체결하여 위임을 받고 오사카 지역의 의료기관으로부터 개인의 의료 데이터를 수집하였다. 수집된 데이터는 다른 기업들이 활용하여 지역 단위로 최적의 서비스를 제공하도록 사업을 추진하고 있다. 또한 서비스의 원만한 공급을 위해 10여 개의 건강검진 데이터 관리 회사 등과 데이터 제공 계약을 맺었다.

일본 광고회사 덴츠의 자회사인 마이데이터 인텔리전스My data Intelligence도 2019년 7월에 정보은행 'MEY'를 오픈하였다. MEY는 'Me+Key'의 합성어로 개인정보를 통합 관리하고 이를 원하는 제삼의 기관에 제공하는 양방향 플랫폼이다. 개인 데이터를 제공하면 보상으로 포인트, 콘텐츠, 전자 화폐 등을 받을 수 있다. 예를 들어 아침에 조깅을 나가는 사용자에게는 미리 날씨정보를 제공하고 저녁에 편의점에 들르는 사용자에게는 '모바일 할인 쿠폰'을 제공한다. 개인은 스마트폰 앱을 통해 데이터 이용 목적과 제공에 따른 보상 등을 확인할 수 있고 자신의 데이터를 제공할 기업을 선택할 수 있다. MEY 앱을 통해 정보 주체가 추후 취소할 수 있는 기능을 제공하고 각종 서비스의 ID와 비밀번호를 일괄적으로 관리할 수 있도록 툴을 제공한다. 데이터는 암호화하여 보관·저장되며 정보 주체 외에는 개인 데이터가 노출되지 않도록 장치의 잠금 기능을 제공한다.

주부전력中部電力株式会社은 2020년 3월 지역 생활형 정보은행 서비스인 마인리MINLY를 아이치현 도요타시에서 오픈하였다. 관심사항이나 행동 이력 등 개인정보를 예탁한 사용자를 대상으로 모바일 앱을 통해 주변 음식점이나 상점 등에 대한 쇼핑 정보, 할인 쿠폰, 이벤트 정보 등을 제공하고 있다. 이 은행에는 50개가 넘는 기업과 공공기관이 참여하고 있다.

미츠비시UFJMitsubishiUFJ 신탁은행도 2021년 '디프라임DPRIME'이라는 정보은행을 설립하여 서비스를 시작하였다. 정보은행이 도쿄해상, 아식스, NTT데이터 등과 제휴하여 적법한 절차를 통해 개인정보를 판매하고 그 이익을 개인에게 전달하는 모델이다. 예를 들어 센서가 부착된 운동화를 신고 외출하거나 운동한다면 걸음 수, 걸음 속도, 이동한 거리와 장소 등의 다양한 데이터들이 자동으로 앱을 통해 정보은행으로 보내진다. 정보은행은 이러한 데이터를 토대로 소비 패턴, 건강, 상권 등을 분석하고자 하는 기업에 필요한 데이터 세트를 만들어 판매를 하고 그 수익을 고객에게 되돌려줄 수 있다. 정보 주체의 개인정보보호를 위해 일본 정부는 제도와 인증을 마련하고 정보은행은 개인정보를 판매하고 그 이익을 개인에게 전달하는 비즈니스 모델이다.

정보은행과는 다른 개념이지만 일본에서는 개인정보 활용에 대한 다양한 리워드를 주는 사례도 있다. 일본 미즈노은행Mizuho Bank은 소프트뱅크와 공동으로 핀테크 기업인 제이스코어를 설립하여 2017년에 '인공지능 스코어 랜딩AI Score Lending' 시스템을 출시하였다. 이 시스템은 나이, 근무처, 연간 수입, 성격, 라이프스타일 등의 다양한 정보를 인공지능 기술로 분석하여 개인의 신용 능력과 미래 가능성을 인공지능 스코어로 제공한다.

2018년에는 개인정보 활용에 대한 리워드 프로그램인 '인공지능 스코어 리워드AI Score Reward'도 출시하였다. 신용평가에 활용된 다양한 정보를 기반으로 외부 제휴 기업을 통해 리워드 프로그램을 연계한 것이다. 인공지능 점수를 얻은 개인은 데이터를 기업에 제공함으로써 수수료나 혜택을 받을 수 있다. 제휴 기업도 리워드 전용 점수에 따라 고객에게 다양한 리워드를 제공할 수 있다.

제이스코어의 회원등급은 브론즈, 실버, 플래티넘, 다이아몬드 등으로 나뉘며 매월 실적에 따라 레스토랑, 여행사, 어학원 등 다양한 제휴 기업에서 주는 리워드를 선택하여 받을 수 있다. 최근에는 일본의 위성방송사와도 제휴하여 일반 시청자를 대상으로 개인 데이터를 외부와 공유하고 시청료를 할인해주는 서비스도 제공하고 있다.

정보은행 제도와 리워드 제도 데이터 유통 활성화를 통해 개인정보의 활용에 따른 이익을 개인에게 환원해서 개인의 권리를 지켜주고 이익을 돌려준다는 데 의미가 있다. 마이데이터의 개념과 아주 비슷하게 데이터의 거래가 이루어지는 셈이다. 일본에서 먼저 시작한 정보은행은 국내에서는 아직 도입되지 않고 있다. 아직 개인 데이터 신탁에 대한 거부감이 크고 시장에 대한 신뢰감이 부족할 뿐더러 제도적·기술적 인프라 구축에 상당한 시간이 걸릴 것으로 보인다. 우리나라에서도 마이데이터 제도의 본격 시행을 맞이하여 데이터 신탁에 대한 여건이 성숙된다면 한국형 정보은행에 대해서도 논의가 필요할 것으로 보인다.

에필로그

2022년 벽두 최고의 화두는 역시 마이데이터이다. 금융 분야 시행을 필두로 행정 분야 마이데이터와 의료 분야 마이데이터 서비스들도 시범 사업을 거쳐 점차 그 모습을 드러내고 있다. 금융 분야 마이데이터 서비스는 소비자들에게 개인 데이터에 대한 주권을 돌려주었다는 점에서 의의가 크다. 이제 소비자들도 마이데이터 제도에 대한 정확한 이해를 바탕으로 자신이 필요한 정보들을 필요한 곳에 제공하여 원하는 금융 서비스를 받을 수 있게 되었다. 소비자들은 과거에는 금융 회사에서만 자산관리 서비스를 받아왔으나 이제는 빅테크 기업과 핀테크 기업을 포함한 다양한 마이데이터 사업자들로부터 서비스를 받게 되어 선택의 폭이 넓어지게 되었다.

현재 마이데이터 시장은 넘어야 할 산이 많다. 사업 초기라 소비자들이 정보 제공에 적극적이지 않고 부정확한 정보가 전달되거나 정작 필요한 정보는 받지 못할 가능성도 있다. 만 14세 이상 19세 미만 청소년은 마이데이터 서비스를 제대로 이용하지 못한다는 지적도 나온다. 서비스는 차별화할 수 있는 콘텐츠가 마땅히 없어 '그 나물에 그 밥'이라는 지적도 나온다. 마이데이터 사업자들이 온전히 비교·추천 서비스 제공이 가능토록 법규도 마무리되지 못했다. 하지만 시간이 지날수록 소비자들의 인식이 높아지고 법, 제도, 시스템 등이 보완되어 마이데이터 산업은 되돌릴 수 없는 대세가 될 것으로 보인다. 2019년에 도입된 오픈뱅킹 서비스를 보자. 소비자들의 편익과 핀테크 업체들의 참여 확대를 위해 도입된 금융결제망 개방은 전면 시행 2년 만에 순가입자 수 3,000만 명을 넘어서고 순등록계좌수는 1억 개를 돌파하였다. 은행의 계좌 정보 및 이체기능 개방에 초점을 둔 오픈뱅킹의 안착과 같이 다양한 금융과 비금융정보가 연계되어 원스톱 상품이 추천되는 마이데이터 서비스도 시간이 지날수록 이용이 더욱 확대될 것으로 보인다.

앞서 언급한 대로 마이데이터 시장은 얼마 지나지 않아 몇몇 사업자에 의해 고객 쏠림 현상이 나타날 수 있다. 대다수 마이데이터 사업자가 제공하는 자산 조회만으로는 경쟁력을 확보할 수 없다. 자신들만이 제공할 수 있는 킬러 서비스를 선보여야 시장에서 밀리지 않을 수 있다. 이러한 서비스는 편리성과 재미가 가미되고 고객경험을 새롭게 해줄 수 있도록 철저히 고객관점에서 진행되어야 하며 탁월한 데이터 분석과 기술 역량이 뒷받침되어야 한다.

마이데이터 사업은 모바일을 기반으로 한 플랫폼 싸움이다. 하나의 앱에서 은행·카드·보험·증권은 물론 검색, 쇼핑, 배달까지 할 수 있도록 금융과 생활을 망라하는 종합생활 플랫폼을 구축해야만 고객을 자주 오래 머무르게 할 수 있다. 그러기 위해 금융 회사들은 비금융을 보완하고 플랫폼 기업들은 금융 분야를 더 보완해야 할 것이다. 결국 각자의 강점을 살리는 방향으로 마이데이터 사업을 강화해야 하겠다. 금융 회사들은 소비자들의 높은 공신력을 바탕으로 방대한 금융 데이터, 다양한 결제정보, 전문 자문 능력, 상품개발 역량 등에 더욱 집중해야 한다. 빅테크와 핀테크 기업들은 플랫폼과 우수한 기술력을 바탕으로 혁신적 서비스를 발굴하여야 한다.

중국의 핑안그룹은 보유하고 있는 플랫폼 간 시너지를 극대화하여 데이터를 활용하고 분석하여 이를 토대로 금융상품을 추천하고 판매하는 교차판매 역량이 탁월하다. 우리나라의 마이데이터 사업이 목표하는 선순환과 미래 지향점인 금융 생태계를 제대로 보여주고 있다. 아마존은 자사 비즈니스 간의 데이터를 연계하거나 자사 데이터와 이업종 간의 데이터를 융합하는 데이터 활용 역량과 기술력이 탁월하다. 나아가 네트워크 효과를 갖는 플랫폼을 기반으로 소비자와 수직 통합성이 있는 비즈니스들을 연결하여 거대한 아마존 생태계를 구축하였다. 특히 그동안 업종과 산업을 넘나들며 쌓아온 방대한 데이터, 탁월한 분석 역량, 독보적 고객 기반을 바탕으로 금융과 헬스케어 시장에 진출하여 혁신적 서비스를 창출하고 있다. 마이데이터 산업의 미래 확장성을 보여주는 사례가 아닐 수 없다. 민트, 디지미, 요들리, 일본의 정보은행들은 다양한 마이데이터 사업들의 성공 사례를 보여주었다. 핀테크 기업들은 특화된 기술과 비즈니스 모델을 바탕으로 데이터 분석을 통한 개인 자산관리, 데이터 저장소, 데이터 플랫폼과 인에이블링 등의 사업에 도전해볼 수 있겠다.

내가 이 책을 통해서 하고 싶은 키워드는 '혁신'이다. 금융 혁신의 일환으로 마이데이터라는 불쏘시개가 금융시장에 던져졌다. 지금은 조그마한 불씨지만 점점 커져 산업 간의 경계가 허물어지고 제조와 판매가 분리되며 금융이 모바일 플랫폼으로 진화하게 될 것이다. 더 이상 낡은 유산Legacy에 머물러서는 안 된다. 마이데이터 시대에 뒤처지지 않도록 데이터, 플랫폼, 인공지능 기술, 에자일한 조직문화 경쟁력을 빨리 갖춰야 한다. 이에 맞도록 정책, 프로세스, 시스템 등 경영의 체질을 근본적으로 혁신해야 하겠다.

또 다른 키워드는 역시 '고객'이다. 마이데이터 사업의 취지는 고객에게 데이터 주권을 돌려주고 데이터 활용도를 높여 고객 편의를 높여주는 것이다. 고객의 관점에서 서비스 모델을 만들고 앱의 편리성을 높이며 보안과 개인정보보호를 강화하여 신뢰도를 높여나가야 한다. 핑안과 아마존의 최종 목표 역시 철저한 고객 관점에서 고객경험을 혁신하여 자사 생태계에서 빠져나올 수 없게 하는 것이다. 마이데이터 시대의 두 가지 키워드, 즉 '혁신'과 '고객'을 잊지 말아야 하겠다. 이 두 단어는 마이데이터 시대에 현장에서 가장 치열한 경쟁이 벌어지고 있는 상품 영역에서 상품개발을 총괄하고 있는 나에 대한 반성이며 굳은 다짐이기도 하다.

출처

1장

1. Internet Live Stats, https://www.internetlivestats.com/, 2021. 3. 15
2. IDC, Data Age 2025, 2018, 『The Digitization of the World From Edge to Core』, 2018. 11
3. European Commission, 『Building a European Data Economy』, Data Policy and Innovation, EU, 2017
4. 한국데이터산업진흥원, 『2020년 데이터산업현황조사 주요 결과 요약』
5. 한국데이터산업진흥원, 『2019년 마이데이터 현황 조사』
6. EY, 『Customer Survey 2019』
7. 박주석, 2020 마이데이터 컨퍼런스 동영상, 『우리나라가 마이데이터를 선도하려면』, 2021. 6. 21
8. 김규리, 『데이터 주권 시대의 새로운 흐름: EU GDPR의 의미와 시사점』, 한국지능정보사회진흥원, 2018
9. 마이데이터코리아, 『마이데이터 백서(한글본)』, http://www.mydatakorea.io/whitepaper.
10. 한국데이터산업진흥원, 『마이데이터 서비스 안내서』, 2019
11. 박주석, 『빅데이터, 오픈데이터, 마이데이터의 비교 연구』, 한국빅데이터학회지 제3권 제1호, 2018
12. KOSCOM, 『데이터 3법 주요 일정과 그 의미』, 2020. 2. 24
13. 대한민국 정책브리핑, 『데이터3법』, 정책위크, 2020. 3. 30
14. 금융위원회, 『금융분야 가명처리, 익명처리 안내서(안)』, 2020. 7. 23
15. 금융위원회·한국신용정보원, 『금융분야 마이데이터 서비스 가이드라인』, 2021. 7
16. 심연숙, 『마이데이터(MyData) 활용의 국내외 현황 및 활성화 방안』, 문화기술융합(JCCT), Vol. 6, No. 4, 2020
17. 비자코리아, 마이데이터 소비자 인식조사 발표, https://www.visakorea.com/about-visa/newsroom/press-releases/nr-kr-210429.html
18. 금융위원회, 금융분야 마이데이터 시범 실시 보도자료, 2021. 11. 29
19. 금융위원회, 『금융분야 마이데이터 산업 도입방안』, 2018. 7. 18
20. 권민경, 『마이데이터의 넛지 효과』, 자본시장포커스, 2019-10호

21. DBR, 『데이터 권리의 주체는 기업 아닌 개인 소비자의 불편함 해결이 서비스 첫발』, 동아비즈니스리뷰, 327호, 2020. 09
22. 행정안전부, 『모르면 나만 손해! 공공 마이데이터 완전정복』, 2020. 11. 20
23. 보건복지부, 마이헬스웨이 도입방안 보도자료, 2021. 2. 24
24. 오세진·이세준, 『마이데이터 국내외 현황 및 주요 해외 사례』, KDB미래전략연구소 이슈분석, 제784호 3, 2021
25. 한국은행, 『EU 내 MiFID Ⅱ 및 PSD2 시행과 향후 전망』, 2018. 1
26. 노현주, 『금융마이데이터 도입현황과 시사점』, 보험연구원, 2021. 8
27. 전자정보연구정보센터, 『마이데이터 백서(마이데이터 현황 및 발전방향)』, 2020. 1
28. 삼정KPMG 경제연구원, 『데이터 경제의 시작, 마이데이터: 금융산업을 중심으로』, Vol 68, 2020. 1
29. www.osborneclarke.com, The PRC Personal Information Protection Law, China's GDPR – in a nutshell, 2021. 9. 6
30. 금융위원회, 『마이데이터 운용 가이드라인』, 2021. 7
31. 금융위원회, 1차 예비허가 심사결과 발표 보도자료, 2020. 12. 22

2장

1. 송상현 기자, 금융권 vs 빅테크 패권 전쟁 점화, news1, 2021. 4. 23
2. 전하경 기자, 신한카드 "고객 복합적 파악 강점…원플랫폼 자산관리 목표", 한국금융, 2020. 5. 25
3. 조선비즈, 증권가도 마이데이터 바람…실효성은 미지수, 2021. 6. 11
4. 월간인물, 빅데이터에서 마이데이터로...초개인화된 금융시대 열린다, 2021. 8. 23,
5. 홍하나 기자, 네이버가 마이데이터에 열심인 이유는? 바이라인 네트워크, 2021. 2. 18,
6. 손예술 기자, 카카오페이 "마이데이터? 카카오 데이터로 차별화포인트", 지디넷 코리아, 2020. 9. 22
7. 한국금융신문, 마이데이터가 만드는 新생활금융, 2021. 3. 22
8. 이상빈 기자, 토스 "개인 식별에 공인인증서만 쓰라는 건 시대 역행하는 일", Chosun Biz, 2021. 5. 15
9. 홍하나 기자, 보맵이 마이데이터에 열심인 이유, 바이라인 네트워크, 2021. 3. 15
10. 김문관 기자, 마이데이터 업권 개방 가속…유연한 소통, 정유신 한국핀테크지원센터 센터장 인터뷰, 이코노미조선, 2021. 4. 22
11. 삼정KPMG 경제연구원, 『은행산업에 펼쳐지는 디지털 혁명과 금융 패권의 미래』, Vol 73, 2021. 1

12. 권민경, 『국내외 마이데이터 도입 현황 및 시사점』, 이슈보고서 19-02, 자본시장연구원, 2019. 4
13. 연합인포맥스, [배현기의 칼라무스] 마이데이터 시대의 핀테크, 2021. 2. 10
14. 김용덕, 마이페이먼트(My Payment)의 도입에 따른 지급 결제 생태계의 변화, 코스콤뉴스룸, 2019. 7. 30
15. 금융위원회, 『디지털금융 종합혁신방안』, 2020. 7. 26
16. IBM Korea, 『마이데이터 분석 플랫폼 고도화』, 2021. 9
17. 조영은, 『금융산업 구조 측면에서의 디지털 금융 혁신 동향과 향후 과제』, NARS현안분석, 국회입법조사처, 2020. 5
18. LG CNS, IT와 금융의 융합 #12 아마존 은행 나올까? IT 기업의 역습, 2018. 6. 27
19. 정인호, 새로운 핀테크·빅테크기업 금융 서비스, 금융기관의 대응 전략은 무엇인가? 코스콤뉴스룸, 2019. 10. 29
20. 삼정KPMG 경제연구원, 『공룡들의 전쟁터가 된 금융산업: 본격화된 빅테크의 금융 진출』, Samjong INSIGHTVol. 135, 2021. 1
21. 김혜미, 『빅테크의 금융업 진출과 금융안정성』, 하나은행연구소, 2020. 8
22. 대한무역투자진흥공사, 아마존, 애플, 구글… 헬스케어에 손 뻗는 Big Tech 기업, 2019. 1. 17
23. 김상윤, 『마이데이터 시대의 개막과 기업의 경쟁력』, 소프트 웨어정책연구소, 2021. 5. 21

3장

1. Brand Finance, Global 500 2021, https://brandirectory.com/rankings/global/
2. 핑안 홈페이지, https://group.pingan.com/
3. 핑안, 2020 Annual Results, https://group.pingan.com/
4. Infosys Financle, Ping An Group's Larsen: "We're constantly looking at new businesses that can create value", 2019. 9. 26
5. Fortune Global 500, https://fortune.com/global500/2021/search/
6. digitalinsuranceagenda.com, The vision behind Ping An's success story, 2019. 2. 20
7. 최원식, [매경의 창] 디지털 생태계에 주목해야 할 이유, 매일경제, 2019. 5. 10
8. 포춘코리아, 데이터로 쌓아 올린 핑안보험의 성, 2019. 10. 01
9. The Digital Insurer, Cross Selling at Ping An, https://www.the-digital-insurer.com/cross-selling-at-ping-an/#gf_69
10. 고소비·김기량·함유근, 『데이터 공유를 통한 대출 플랫폼 비즈니스 모델에 대한 연구: 알리바바와 평안 사례를 중심으로』, 정보기술아키텍처 연구, 제16권 제3호, 2019.

11. Arun Prakash, The Ping An Ecosystem— how an insurance company reached the Forbes top 10 ranking, 2020. 5. 4

12. 이용진·푸야니쿠예, 中핑안, 디지털 플랫폼 11개 개발…6억 고객 거느린 공룡 됐다, 매일경제, 2021. 8. 9

13. 강소영 기자, 핑안헬스케어, 'ARK캐시우드 약발' 폭등세 언제까지, 뉴스핌, 2021. 02. 16

14. 미래에셋대우리서치, 핑안헬스케어, 코로나가 달아준 날개, 中 최대의 원격진료 플랫폼, 데일리리포트, 2020. 6. 30

15. 이동현 기자, AI무인(無人) 병원으로 의료 혁신 이끄는 중국 핑안하오이성, 뉴스핌, 2018. 12. 4

16. Ferlyn Tan, Your once-in-a-lifetime opportunity to invest in the Ping An ecosystem story, secure.fundsupermart.com, 2020. 4. 9

17. 장권영, 『중국 핑안보험 사례로 본 AI 활용』, DBR, NO.285, 2019. 11

4장

1. Kantar, Kantar BrandZ Top 10 Most Valuable Global Brands 2021, https://www.kantar.com

2. Fortune, Fortune Global 500, https://fortune.com/global500/2021/search/

3. Leo Kelion, Why Amazon knows so much about you, BBC 뉴스기사, https://www.bbc.co.uk/news/extra/CLQYZENMBI/amazon-data

4. 박정준, 『나는 아마존에서 미래를 다녔다』, 한빛비즈, 2019. 3

5. 위키백과, https://ko.wikipedia.org.

6. 삼정KPMG 경제연구원, 『플랫폼 비즈니스의 성공 전략』, Samjong INSIGHT, Vol. 67, 2019. 11.

7. 브라이언 두메인, 『베조노믹스』, 21세기북스, 2020. 5

8. 한국금융연구원, 『빅테크의 금융업 진출 영향과 시사점 : 아마존의 사례를 중심으로』, KIF 금융조사보고서, 2010. 10

9. 다나카 미치아키, 류두진 옮김, 『아마존 미래전략 2022』, 반니출판사, 2018. 6

10. Bain&Company, 『Customer loyalty in Retail Banking Survey 2017』

11. Todd Bishop, 'Amazon Go' works: The technology behind the online retailer's groundbreaking new grocery store, geekwire.com, 2016. 12. 5

12. Reaction Data, 『The Future of the Healthcare Market Reaction Data-2018』, https://cupdf.com/document/healthcare-disruption-predictive-analytics-convenience-user-friendliness-patient.html

13. 아마존 헤일로 홈페이지 https://www.amazon.com/Amazon-Halo-Fitness-And-Health-Band/dp/B07QK955LS

14. 삼성증권, 『헬스케어 시장을 넘보는 아마존』, 글로벌 리서치 2020. 2. 7

15. 필팩 홈페이지, https://www.pillpack.com/

16. 스태티스타, 『Global digital health market size 2019-2025 forecast』, https://www.statista.com/statistics/1092869/global-digital-health-market-size-forecast/

17. 브렛 킹, 정용원 옮김, 『뱅크 4.0』, 한빛비즈, 2020. 6

18. Gartner, Gartner Says Worldwide IaaS Public Cloud Services Market Grew 40.7% in 2020, 2021. 6. 28

5장

1. 박효주, 양진홍, 『공공영역에서 의료 마이데이터(MyData) 생태계 구축방안』, 연구한국정보전자통신기술학회 논문지, 13(6), 2020. 12

2. Mint.com 홈페이지, https://mint.intuit.com

3. Intuit, 2020 Annual Report, https://investors.intuit.com/financials/annual-reports/default.aspx

4. 강혜승, [애널리스트 칼럼] 종합 디지털 금융사로 진화 중인 인튜이트(INTU), 한경글로벌마켓, 2021. 6. 25

5. digi.me 홈페이지, https://digi.me

6. 이글루시큐리티 홈페이지, 『개인정보이동권 보편화의 필요성과 주요 시사점』, 2021. 11. 3

7. 삼정KPMG 경제연구원(2019), 『오픈뱅킹, 금융산업 지형 변화의 서막』, Issue Monitor 제108호, 2019. 5

8. yodlee.com 홈페이지, https://www.yodlee.com/

9. 한국인터넷진흥원, 『일본 정보은행 사업의 인증 현황 및 기타 추진 사례』, 격주간 보고서, 2020. 11

10. 정보통신정책연구원, 『일본의 정보은행 인증 제도와 데이터 유통 서비스 모델』, AI TREND WATCH 2020-6호

11. 일본IT단체연맹 보도자료, https://www.tpdms.jp/

12. 코스콤뉴스룸, 『일본 정보은행(Information Bank)이 한국 자본시장에 주는 시사점』, 2021. 7. 16